단숨에 읽는

중동 전쟁

개정판

단숨에 읽는 중동전쟁 개정판

발행일	2021년 4월 30일		
지은이	김균량		
펴낸이	손형국		
펴낸곳	(주)북랩		
편집인	선일영	편집	정두철, 윤성아, 배진용, 김현아, 박준
디자인	이현수, 한수희, 김민하, 김윤주, 허지혜	제작	박기성, 황동현, 구성우, 권태련
마케팅	김회란, 박진관		
출판등록	2004. 12. 1(제2012-000051호)		
주소	서울특별시 금천구 가산디지털 1로 168, 우림라이온스밸리 B동 B113~114호, C동 B101호		
홈페이지	www.book.co.kr		
전화번호	(02)2026-5777	팩스	(02)2026-5747

ISBN   979-11-6539-753-1 03910 (종이책)   979-11-6539-754-8 05910 (전자책)

(주)북랩 성공출판의 파트너

북랩 홈페이지와 패밀리 사이트에서 다양한 출판 솔루션을 만나 보세요!

홈페이지 book.co.kr   •   **블로그** blog.naver.com/essaybook   •   **출판문의** book@book.co.kr

단 숨 에   읽 는

중동
전쟁

김균량 지음

북랩 book Lab

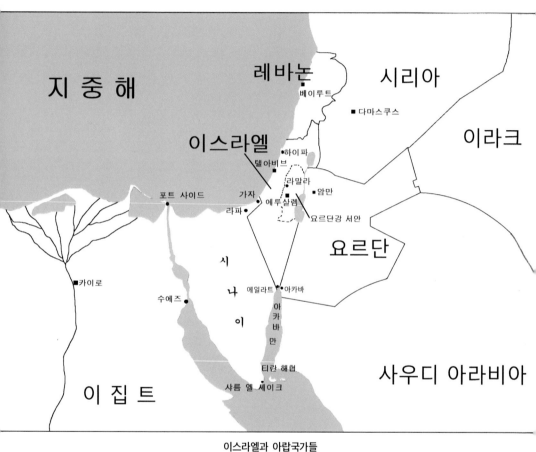

이스라엘과 아랍국가들

저자 서문

수년 전 인터넷 서핑을 하며 이런저런 글을 읽다 우연히 누군가 올린 어느 전쟁 이야기를 읽게 되었다. 그리고 얼마 안 있어 이 전쟁 이야기에 푹 빠졌는데 그 전쟁이 '욤 키푸르 전쟁'이었다. 원래 대학원에서 '십자군 전쟁' 관련 논문을 썼기 때문에, 서아시아 역사에 관심이 많았고 관련 지식을 가지고 있었지만, 고대사, 중세사에 치우쳐 있었다. 그래서 학생들에게 서아시아 역사를 가르치면서도 현대사에 해당하는 '중동전쟁'의 자세한 내막과 전개는 잘 알지 못했다. 이후에 도서관에 가서 관련 책을 찾아보기 시작했고 인터넷 신문과 영상을 찾아보면서 차근차근 몇 년씩 정리한 것이 어느덧 한 권의 책이 되었다. 중간에 관두고 싶은 생각도 여러 번 있었지만 조금씩 글이 완성되는 희열이 있었기에 끝맺음이 가능했던 것 같다.

이 책은 중동(서아시아) 역사를 연구하는 역사학도나 밀리터리 마니아만을 위한 것이 아니다. 그동안 중동전쟁을 다룬 시중의 책들은 개괄적이거나 너무 방대하고 전문적이어서 접근하기 어려운 면이 있었다. 그런 면에서 이 책을 저술한 의도는 일반 독자도 중동전쟁의 역사적 배경과 그 전개 과정을 쉽게 이해하고 재미있게 읽을 수 있었으면 하는 바람에서 썼다. 이 책은 로마 시대 유대인의 해외 유랑부터 십자군 전쟁 그리고 4번에 걸쳐 일어난 중동전쟁을 다루고 있다. 예루살렘과 그 주변 지역의 문제는 단지 한 시대에서 비롯된 문제가 아니다. 유대인이 강제로 그들의 땅을 떠나야 했던 것 그리고 기독교인이 다시 무슬림으로부터 예루살렘을 탈환하려고 했던 시도 그리고 유대인이 다시 예루살렘을 중심으로 나라를 건국하려는 투쟁까지 종적으로 이해할 필요가 있다. 그런 면에서 중동전쟁과 관련된 몇 가지 역사적 사건을 다뤘다.

한 가지 아쉬운 점은 책 제목으로 쓰인 '중동'이라는 지리적 명칭은 유럽인의 기준이다. 아시아인의 기준으로는 서아시아가 맞다. 당연히 아시아인인 나로서는 서아시아라는 용어를 쓰고 싶지만 이미 고정되어버린 '중동전쟁'이라는 용어를 바꿀 수가 없어 그냥 사용하기로 했다. 또한, 전쟁 참전국인 이집트가 아프리카 대륙에 속해 있어 서아시아로 지칭하기도 모호한 면이 있다. 최근에는 이 지역을 근동이라고 부르기도 하지만 이 역시 서구중심인 건 매한가지이다. 혹시, 독자분 중 '중동'이라는 지리적 명칭이 맘에 들지 않더라도 불가피했음을 이해해 주길 바랄 뿐이다.

마지막으로 이 책이 나오기까지 아무 말 없이 지켜봐 주었던 아내에게 감사하고, 건강하고 밝게 커 준 세 아이에게도 아빠로서 고마운 마음을 전하고 싶다.

2021년 봄

김균량

목차

1장

전쟁의 서막

디아스포라(Diaspora)

A.D. 66년 로마 행정장관은 밀린 속주세를 이유로 예루살렘 성전에 바쳐진 돈을 약탈해 가면서 유대인을 자극하였고 곧바로 예루살렘에서는 반란이 일어났다. 로마군은 유대인의 극렬한 저항에도 불구하고 압도적인 군사력으로 예루살렘을 점령하였다. 그러나 반란군 최후의 보루인 마사다 요새에서는 끝까지 항복하지 않고 저항하다 960명이 스스로 자결을 함으로써 그 끝을 보게 되었다(제1차 유대 반란).

이후 로마는 유대인에 대한 관대한 정책을 버리고 예루살렘 주변에 2개 로마 군단을 상주시켜 강압적 통제를 하기 시작하였으며 유대교 전통인 할례를 금지하면서 오히려 범죄자에게는 할례를 행하여 유대인의 전통을 경멸하였다. 또한, 1차 유대 반란 중 폐허가 된 예루살렘 성전

자리에 유피테르(제우스) 신전을 짓기까지 했다. 그 결과 서기 132년 바르 코크바를 중심으로 대규모 반란(제2차 유대 반란)이 다시 발생했으며 이들은 성공적으로 예루살렘을 로마로부터 재탈환하였다. 4년간 지속된 이 반란을 로마는 대규모 부대를 파병하여 가까스로 진압하였으며 그 결과 수십만의 유대인이 학살되고 노예가 되었다.

로마는 걸핏하면 반란을 일으키는 유대민족을 징벌하기 위해 몇 가지 근본적이고 잔인한 조치를 취했다. 유대인을 예루살렘에서 영구 추방하고 유대아 혹은 가나안이라고 부르던 지명도 팔레스티나(Palestina)로 바꾸어 버렸다. 팔레스티나는 민족 블레셋(Philistines)을 지칭하는 단어였다.

기원전 13세기 이집트에서 탈출한 노예 무리를 이끌던 모세가 죽자 지도자가 된 여호수아는 시나이반도에서 가나안 지역으로 유대인들을 이끌고 갔다. 하지만 그곳에는 유대인과 마찬가지로 외부에서 이주한 지 얼마 안 된 민족이 있었는데 그들이 블레셋인이었다. 필연적으로 유대인과 블레셋인은 가나안 땅을 놓고 서로 원수가 되어 싸웠다. '다윗과 골리앗' 이야기에서 골리앗이 블레셋인이었다. 역사적으로 유대인과 이런 갈등 관계에 있었던 블레셋인의 호칭을 로마가 이 지역 명칭으로 쓰게 한 것은 유대인의 자취를 이 땅에서 없애고자 한 조치의 하나였다. 이 조치 이후 이곳에 사는 사람을 팔레스타인 사람이라고 부르게 되었다.

유대민족은 로마의 조치 이후 전 세계로 퍼져나가 살게 되었고(Diaspora) 그 결과 인종적·언어적으로 유대인을 구분하기가 모호해졌지만, 그들이 가진 종교적 신념과 규범을 지키면서 민족적 정체성은 유지되었다.

십자군 전쟁

A.D. 395년 로마 제국은 거대한 영토의 효율적 지배를 이유로 동·서 로마로 갈라진 이후, 476년 서로마 제국은 게르만 용병 오도아케르에 의해 멸망하였다. 서로마 제국 멸망 후 동로마는 비잔티움 제국이라 불리었는데 수도인 콘스탄티노플의 옛 그리스식 이름이 비잔티움이었고 지리적 특성상 인구의 상당수가 그리스인이고 그리스 문화풍토를 가지고 있었기 때문에 수도의 그리스식 명칭이 제국의 이름으로 불리게 된 것이었다.

서로마 멸망 후 서유럽은 게르만, 무슬림, 바이킹, 마자르족의 순차적이고 무질서한 침략으로 대혼란을 겪지만, 비잔티움 제국은 영토가 축소되기는 했어도 번영과 쇠퇴를 반복하며 그 생명을 유지하고 있었다.

그러나 비잔티움 제국은 이슬람 제국의 2대 칼리파 우마르에게 시리아를 빼앗겼으며 638년에는 기독교 성지인 예루살렘마저 이슬람 칼리파의 손에 넘겨주었다. 비잔티움 제국은 예루살렘을 잃었지만, 소아시아를 근근이 지키며 이슬람 제국에 맞서고 있었다. 하지만 그러한 상황은 영원히 지속될 수는 없었다. 기마 전술에 능숙한 새로운 적이 동쪽에서 밀려오고 있었다.

1071년 찌는 듯한 8월, 반 호수 근처-현재 터키 동부 국경지역- 아르메니아 지역의 만지게르트에서는 두 개의 진영이 대치하고 있었다. 한쪽은 비잔티움 제국의 황제 로마누스 4세(Romanus, 1068~1071년 재위)가 이끄는 3만여 명의 용병과 제국군의 혼성이었으며 또 한쪽은 셀주크 투르크족 술탄 알프 아르슬란(1063~1072년 재위)이 이끄는 2만여 명의 투르크와 쿠르드족 등으로 구성된 혼성부대였다. 두 세력은 오랫동안 아르메니아 지역의 패권을 놓고 다투고 있었고 이번에는 비잔티움 제국이 작심하고 투르크와 일전을 벌이려고 하는 중이었다.

비잔티움 제국을 동쪽에서 잠식하고 있던 셀주크 투르크족은 원래 중앙아시아에 머물던 유목민족[1]이었다. 유목민족은 평소 말을 타고 가축을 기르며 이동 생활을 하기 때문에 말을 타는데 능하고 말위에서 활과 칼을 쓰는 것에도 익숙했다. 따라서 이들은 병사로서 활용가치가 있었으며 이슬람 세력가에 의해 종속된 사병(私兵), 즉 맘루크로서 고용되었다. 아랍인들은 맘루크에게 칼을 주고 국가의 방위를 맡겼으며 분쟁이 있을 때마다 그들을 불러들였다. 그러면서 권력은 점차 투르크족에게

---

1 중국 역사에서는 '돌궐'이라고 불리며 북쪽 초원을 장악하고 중국의 수·당에 맞섰던 민족이다. 이들은 중국에 맞서기 위해 고구려와 동맹을 맺기도 하였다. 하지만 결국 당에 밀려 서쪽으로 밀려났으며 점차 이슬람화하기 시작하였다.

넘어가기 시작했다. 역사적으로 서로마 제국도 국가의 방위를 덩치가 크고 힘이 센 게르만인에게 맡김으로써 자신들이 안전하다고 착각할 때 그들에게 멸망했듯이, 이슬람 제국 압바스 왕조의 왕이며 이슬람 신자의 최고 지도자인 칼리파도 투르크족의 손아귀에서 놀아나는 꼭두각시로 떨어졌다.[2] 다행히 서로마처럼 멸망하지 않고 그나마 왕조를 유지할 수 있었던 것은 칼리파가 단순히 정치적 지배자가 아니라 무함마드를 잇는 종교적 지배자였기 때문이었다. 칼리파는 투르크족 대장을 술탄으로 임명했으며 술탄이 정치, 군사를 장악하고 칼리파는 단순히 신성한 존재로서만 유지되었다. 따라서 외형적으로는 당시에 바그다드를 중심으로 한 이슬람 제국 압바스 왕조가 유지되고 있었지만, 역사학자는 일반적으로 알프 아르슬란의 숙부 토그릴 베그가 칼리파로부터 술탄 칭호를 얻은 이후로 그 제국을 셀주크 투르크 왕조라고 부른다.

셀주크 투르크는 바그다드 장악 이후에 서쪽으로 계속 진격하면서 비잔티움 제국의 동쪽 변경을 위협하고 잠식해 들어갔다. 따라서 비잔티움 황제 로마누스 4세는 6~7만의 대군을 이끌고 그들을 제압하려 한 것이다. 로마누스 황제는 군대를 두 개로 나누어 진격하게 했는데 황제가 이끄는 군대는 만지게르트로 향하고 또 하나의 군대는 만지게르트 북쪽 셀주크의 요새 헬라트로 향하게 했다. 하지만 헬라트로 진격한 군대는 패퇴하고 도주하였다. 이 전투는 사실 제대로 된 싸움이 있었는지 의문스러우며 비잔티움 궁정에 난무했던 음모와 배신이 전장에서도 이

---

2 이후 아랍인들은 1,000년 동안 서아시아(중동) 역사에서 부차적인 존재로 떨어졌다. 아랍인들이 서아시아 지역에서 역사의 주인공으로 등장하고 활동한 것은 무함마드 이후 10세기까지 근 300년에 지나지 않는다. 20세기 들어 오스만 투르크가 몰락하고 나서야 아랍인들이 중심이 된 국가들이 생기기 시작했다.

어져 투르크족과 제대로 된 전투 없이 전장에서 후퇴했을 거라는 주장이 있다. 어쨌든 배신했든 패주해서 도망갔든 부대의 반 이상을 잃었지만 로마누스 4세에게는 아직 3만여 명의 병력이 있었고 알프 아르슬란이 이끄는 2만여 명의 투르크 군대보다 많았다. 하지만 투르크족과의 전투는 한 차례의 접전으로 끝나는 상황이 아니었다. 로마의 전통적인 방식은 평지에서 대군이 정면충돌하여 승패를 결정하는 형태였으나 투르크족은 정면충돌을 피하고 가볍게 무장하고 말을 탄 경기병이 상대의 군대에 화살을 퍼붓고 도망가는 전술을 반복하여 적을 지치게 하는 것이었다.

비잔티움 군대는 전통적인 로마 방식인 중앙에 밀집 중장보병을 두었고 양쪽에 기병대를 두었으며 중앙 뒤쪽에 귀족이 소유한 사병이 후위 부대를 이루고 있었다. 그들은 느리게 전진하며 투르크의 경기병을 압박해 들어갔고 투르크 기병은 측면에다가 화살을 퍼부으며 치고 빠지기 전술을 썼다. 이런 전투가 한동안 지속되자 비잔티움 군대는 중무장한 갑옷의 더위 속에서 끊임없이 날아오는 화살 세례에 짜증이 나기 시작했다. 먼저 비잔티움 군대 양쪽 끝 진영에 포진한 기병대가 참지 못하고 치고 빠지는 투르크 기병을 추격하기 위해 진영을 빠져나갔다. 하지만 이들은 곧 투르크군의 매복에 걸려 큰 손실을 입고 퇴각해야 했다.

점차 불리함을 느낀 로마누스 4세는 퇴각 명령을 내렸고 이것을 구릉 위에서 지켜보던 알프 아르슬란은 총공격 명령을 내렸다. 후퇴 명령을 받은 비잔티움 군대는 지칠 대로 지쳐있었고 돌격하는 기병대와 날아오는 화살에 진영은 무너지기 시작했다. 하지만 이러한 상황에 대비하기 위해 후위 부대가 있는 것이었다. 만약 후위 부대가 제 역할을 제대로 했다면 비잔티움 군대의 대패는 면했을 것이고 군대도 온전히 보전

했을 것이다. 하지만 로마누스 4세의 정적에 속했던 후위 부대 지휘관은 배신하고 그의 군대를 이끌고 재빨리 도망가 버렸다. 비잔티움 군대는 대혼란에 빠졌고 전투가 아니라 살육이 벌어지기 시작했다. 황제는 스스로 칼을 들고 싸움에 뛰어들었지만 상처를 입고 포로가 되었다. 술탄 알프 아르슬란은 포로가 된 로마누스에게 땅바닥에 입을 맞추라고 명하고는 그의 목 위에 발을 올려놓았다.

투르크족은 이젠 비잔티움의 수도 콘스탄티노플을 위협하고 있었다. 비잔티움 황제 알렉시우스 1세 콤네누스(Alexius Comnenus, 1081~1118년 재위)는 서유럽에 구원 요청을 하고자 했다. 하지만 서유럽은 사실상 어떠한 통일 정부도 없었다. 프랑스나 이탈리아, 영국 그리고 독일(신성로마제국)은 수많은 영주에 의해 분할되어 있었고 아직 민족국가 개념이 없었기 때문에 어느 왕에게 충성을 맹세하느냐가 중요했지 어느 영토에 속했느냐는 의미가 없었다. 또한, 이들은 왕의 군대 동원 요구도 거절할 수 있을 만큼 반(半)독립적인 세력이었다. 이러한 상황에서 알렉시우스 황제가 편지를 보낼 곳은 딱 한 곳이었다. 서유럽의 기독교 세력을 하나로 아우를 수 있는 로마 교황이었다. 서유럽은 잡다한 민족과 다양한 이해관계, 지방분권적인 장원과 영주 등 하나로 볼 수 있는 것이 거의 없었지만 단 하나, 교황을 받드는 로마 가톨릭 신자였고 따라서 로마 교황의 영향력은 대단했다. 로마 교황은 알렉시우스 황제의 편지를 받고 기뻐하였다.

1095년 로마 교황 우르바누스 2세는 프랑스의 클레르몽이라는 언덕으로 교회의 대표자를 소집하였다. 그리고 비장한 표정으로 다음과 같이 말했다.

"그대들이 살고 있는 이 땅은 사람이 너무 몰려 있기 때문에 빈궁해졌다. …예수의 성묘(聖廟)가 있는 곳으로 가지 않겠는가? '젖과 꿀이 흐르는 땅'은 신이 그대에게 내린 토지이다. 그곳을 이교도 무리로부터 해방시켜 우리의 것으로 만들지 않겠는가?"

연설이 있고 4년이 지난 1099년 수만 명의 무장한 서유럽 군인이 레반트 지역[3]으로 몰려들었다. 커다란 덩치에 온몸에 철갑을 두른 그들의 가슴에는 십자가가 그려져 있었으며 지나가는 곳마다 학살과 약탈이 이루어졌다. 그들이 향하는 곳은 예루살렘이었다.

12세기에 살았던 시리아인 우사마 이븐 문키드는 십자군을 이렇게 묘사했다.

"프랑크인[4](십자군)에 대하여 잘 알고 있는 모든 이는 그들을 마치 동물이 힘과 공격성에서 우수한 것처럼 전투에서의 열정과 용기 이외에 아무것도 없는 짐승과 같다고 말한다."

당시 이슬람 세계의 지도자들은 분열과 불신으로 대립하고 있었다. 형식적으로 바그다드에 있던 순니파인 압바스조의 칼리파를 받들었지만 사실상, 이 왕조는 이민족인 셀주크 투르크족이 권력을 장악하고 있었고 그들은 칼리파로부터 '술탄'이라는 칭호를 얻어 정치를 주도하고 있

---

3 레바논, 시리아, 지금의 팔레스타인 지역을 통틀어서 레반트 지역이라고 한다.

4 당시 이슬람 사람은 서유럽인을 프랑크인이라고 불렀다. 서로마 멸망 후 서유럽을 통일한 세력은 게르만 종족인 프랑크족이었으며 프랑크 왕국을 세웠다. 프랑크 왕국은 다시 동프랑크(독일), 서프랑크(프랑스), 남프랑크(이탈리아)로 분열되었다.

었다. 하지만 얼마 안 있어 셀주크족은 내부적으로 분열되어 경쟁적으로 각 지역의 도시를 장악하고 대립하였다. 이슬람 세계에서는 십자군이 몰려왔을 당시 대항할 수 있는 세력으로는 지금의 터키 지역의 도시인 안티오케이아, 시리아 지역인 알레포와 다마스쿠스 그리고 이집트 카이로에 있던 시아파인 파티마왕조가 있었다. 하지만 각 도시의 지도자는 서로 반목하고 있었고 힘을 합치거나 온 힘을 다해 십자군과 싸우지 않았다.

1099년 6월 십자군은 예루살렘성 앞에 모습을 드러냈다. 예루살렘은 곧 포위되었고 7월 십자군 지휘관 고드푸루아가 이끄는 병사가 이동 목탑을 타고 성안으로 들어가 성문을 여는 데 성공했다. 이후 대규모 학

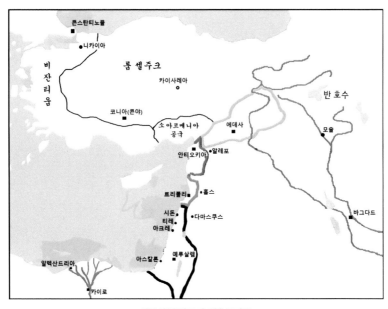

예루살렘 왕국과 제후국가들

십자군 국가는 크게 예루살렘 왕국과 그 제후 국가인 트리폴리스 그리고 안티오케이아 왕국과 에데사 백작령으로 구분된다.

살이 벌어졌다. 십자군은 신성한 예루살렘에서 이교도의 자취를 없애버리기라도 할 듯이 이슬람교도를 닥치는 대로 죽이기 시작했다.

결국, 예루살렘은 서유럽인의 손에 들어갔고 이어서 지중해에 접해있는 많은 도시가 점령되면서 유럽인은 예루살렘 왕국을 건설하는 데 성공하였다.

그렇게 100여 년 동안 예루살렘과 시리아 일부 그리고 레바논 지역은 유럽인에 의해 통치되었고 이슬람 세계는 서로 간의 불신과 반목으로 효과적인 대응을 못 했다. 하지만 난세에는 영웅이 나오기 마련이다. 이슬람 세계에서는 서서히 이집트와 시리아 지역을 통일하는 한 인물이 나타나는데 그의 이름은 살라딘[5]이다. 순니파였던 그는 원래 시리아 북부에 살던 쿠르드인[6]이었으나 이집트로 파견된 숙부 시르쿠를 따라 이집트로 들어갔다. 곧이어 그는 이집트 내부의 정치적 혼돈을 이용하여 이집트를 통제할 수 있게 되었다. 그는 시아파인 파티마왕조의 칼리파를 제거하고 카이로의 새 주인이 되었고 이집트는 이후로 순니파 국가로 거듭나게 되었다.[7]

---

5 살라딘의 본명은 '살라흐 앗딘 유수프 이븐 아이유브'이고, 해석하자면 '욥의 아들이며 정의로운 신앙인 요셉'이라는 뜻이다. 따라서 그의 왕조를 아이유브 왕조라고 한다. '살라딘'이라는 이름은 십자군 전쟁 당시에 그에게 톡톡히 쓴맛을 보았던 기독교인의 발음을 따른 것이다.

6 쿠르드족은 지금의 이라크·시리아 북부와 터기 동남부, 이란 서북부 지역에 걸쳐서 살고 있는 유목민족이다. 시리아와 이라크에서는 어느 정도의 자치권을 가지고 살고 있다. 많은 수의 쿠르드족이 살고 있는 터기는 이들의 독립을 두려워하여 독립세력을 '테러리스트'라고 규정하고 탄압하고 있다.

7 이집트는 시아파에서 순니파로 급속히 변하여 현재는 순니파 국가의 맹주로서 그 위치를 차지하고 있다. 시아파는 현재의 이란 지역에서 극적으로 부활하여 현재 시아파의 중심지는 이란이다.

이집트 국기

가운데 문장(紋章)은 '살라딘의 독수리'이다.
이집트 역사에서 살라딘의 위상을 알 수 있다.

얼마 안 있어 시리아의 다마스쿠스도 그의 통제하에 놓이게 되었다. 그는 예루살렘과의 평화를 원했으나 유럽에서 종교적 열정과 세속적 욕구를 가지고 속속 도착하고 있던 기독교 유이민은 이슬람교도를 빨리 죽이고 싶어 했고 결국 예루살렘과 불안한 평화는 오래가지 못하였다.

예루살렘 왕인 '기'의 제후였던 르노 드 샤티옹이라는 자는 잔인했으며 안하무인인 자였다. 그는 평화협상에도 불구하고 이집트를 향해 이동 중인 대규모 이슬람 상인을 공격해 약탈하였으며 그의 부하가 이슬람의 최대 성지 메카 주변 지역을 약탈하고 무슬림 순례자의 배를 침몰시키는 사건을 일으켰다. 얼마 후 살라딘의 경고에도 불구하고 또다시 르노 드 샤티옹은 메카로 향하던 중요한 아랍 순례 상인을 공격하고 약탈하였다. 살라딘은 사절을 보내 약탈품과 포로를 반환해 달라고 요구했으나 '기' 왕은 거절하였다. 평화 협정은 깨졌다.

살라딘은 곧장 군대를 모았다. 예루살렘 왕국도 군대를 모았고 이 두 군대는 1187년 7월 4일 갈릴리 호수가 잔잔히 펼쳐져 있는 히틴 평야에서 만났다. 살라딘은 예루살렘 군대를 히틴 평야로 유인하였고 그곳에서 자신이 원하는 장소를 미리 차지하고 있었다. 살라딘의 군대는 3만여 명의 경기병과 보병이었고 예루살렘의 군대는 2만에 달하는 중무장 기병과 보병이었다. 예루살렘 군대는 언덕 주변에 진을 쳤고 이슬람 군대는 호수를 뒤로하고 진을 쳤다. 정상적인 상황이라면 전장을 잘 살필 수 있을 뿐 아니라 언덕에서 내려 달려가는 군대가 유리했지만, 현실은 반대였다. 긴 행군을 한 예루살렘 군대는 목이 타들어 가고 있었고 이슬람 군대는 편안하게 호숫가에 목을 축이며 그들이 공격해 오기만을 기다렸다.

무더운 뙤약볕 아래에서 예루살렘의 군대는 두꺼운 갑옷에 도끼와 망치까지 들고 무슬림 군대를 향해 달려 내려갔다. 하지만 번번이 그들의 공격은 실패로 돌아갔으며 결국 숫자는 점점 줄어들었고 포위되기에 이른다. 전투 장소는 곧 도살장이 되었고 '기' 왕과 르노는 포로가 되었다. 살라딘은 르노를 앉혀 놓고 그의 죄를 질책했다.

르노는 이렇게 대답했다.

"늘 그리 행동(협정을 깨는 짓)하는 게 왕 아니오? 나도 그렇게 했을 뿐이오!"

자비로운 살라딘은 이번만큼은 달랐다. 그는 몸소 단검을 빼 들고 르노에게 다가가서 그의 목을 내리쳤다. 반면에 '기' 왕은 무슬림에 대항하지 않는다는 지키지 못할 약속을 받고 풀어줬다. 히틴 전투에서 십자군이 항상 전투에 나설 때 전면에 세웠던 '예수의 십자가'가 살라딘의 수중에 들어왔다. 그는 이 십자가를 거꾸로 들고 다마스쿠스의 거리를 돌게 했다.

'히틴의 전투'에 동원된 군대는 사실상의 예루살렘 왕국의 전체 군대였다. 그 군대가 몰살된 이상 모든 십자군 국가의 도시는 무방비 상태나 마찬가지였다. 해안 지대에 접한 십자군 도시를 시작으로 결국에는 예루살렘마저 살라딘의 수중에 들어왔다. 그는 예루살렘의 기독교인이 자신의 재산을 온전히 가지고 도시를 벗어날 수 있도록 허락하였으며 도시에 남아있던 이교도의 건물을 파괴하지도 않는 관용을 베풀었다.

<당시 무슬림 병사가 지켜야 할 규칙>

· 어린이와 늙은 사람 혹은 여자는 죽이지 마라.
· 야자수와 과일나무를 파괴하지 마라.
· 먹기 위해서 말고는 양과 소 그리고 낙타를 죽이지 마라.
· 기독교 혹은 무슬림 수도원 혹은 기도하는 장소를 공격하지 마라.

기독교인의 예루살렘 왕국이 세워진 지 100여 년 만에 다시 예루살렘과 이 지역의 도시가 무슬림의 손에 들어왔다.

유럽은 즉각 반응하였다. 영국 왕 리처드와 프랑스 왕 필립 2세가 예루살렘 회복을 위해 군대를 이끌고 지중해 동안으로 상륙한 것이었다. 영국군과 프랑스군은 해안도시 아크레를 오랜 시간의 포위 공격 끝에 함락시키고 무슬림 군인과 주민들을 모두 성벽 앞으로 끌어내 죽였다. 그러나 이 연합군은 살라딘이 견고하게 지키고 있는 예루살렘만큼은 빼앗지 못하였다.

얼마 안 있어 프랑스 왕은 영국 왕과의 의견충돌로 본국으로 돌아갔지만, 영국 왕 리처드는 남아서 살라딘과 치열한 전투를 계속 벌였다. 하지만 리처드는 혼자만의 힘으로 예루살렘을 탈환하는 것은 불가능함을 알게 되었다. 그리고 시간은 그의 편이 아니었다. 영국 왕인 그는 성지탈환을 위해 마냥 타지에 있을 수만은 없었다. 결국, 그는 살라딘과의 협상을 통해 예루살렘에서 기독교인이 자유롭게 성지순례를 할 수 있도록 보장받는 것에 만족하고 본국으로 돌아갔다. 영국 왕 리처드는 기독교인으로서 최선을 다하였기 때문에 유럽인에게 존경을 받았다. 유럽인들은 그를 '사자왕 리처드'라 부르며 살라딘과의 대결을 영웅적인 싸움으로말하기 시작했고 그는 전설로 남았다.

크락 데 슈발리에(Crac des Chevaliers)
'기사들의 성'이란 뜻이다. 원래는 히슨 알 아크라드(쿠르드족의 성)라 불렸던 곳으로 1098년 십자군병사들이 이를 점령했으며, 1142년 구호기사단의 손에 넘어가게 된다. 1272년 이슬람군에게 함락될때까지 난공불락의 요새로 남아 있었다.

예루살렘을 잃은 십자군 왕국은 신성로마제국(독일) 황제가 팔레스타인 지역으로 와서 이집트와의 협상을 통해 예루살렘을 일시 회복한 적은 있었으나 다시는 옛 영광을 회복하지 못했다. 그리고 서서히 쇠퇴하며 지중해 연안의 몇몇 도시를 소유한 변방 국가로서 그 생명줄을 간신히 이어갔다. 그러다 예루살렘을 잃은 지 100년이 채 안 된 1291년 살라딘이 세운 아이유브 왕조를 무너뜨리고 노예 용병(맘루크)들이 이집트에 세운 맘루크 왕조의 군대에 의해 마지막 십자군 도시인 아크레가 함락되면서 그 역사를 마무리하게 되었다. 그리고 초기 십자군과 영국 왕리처드가 했던 방식대로 이번에는 반대로 무슬림이 아크레에서 기독교인에 대한 대규모 학살을 단행하였다.

시간이 흘러 아랍인은 예루살렘을 이교도로부터 빼앗아 아랍인에게 돌려주었던 영웅 살라딘을 기억 속에서 일시적으로 잊어버렸지만, 700년이 흐르고 나서 서아시아를 기독교인이 식민지화하고, 식민지가 끝나고 나서도 기독교인의 지원하에 팔레스타인 지역에 유대인이 이스라엘을 건국하면서 살라딘을 다시 기억 속에서 끄집어내었다. 그리고 이교도를 이 '신성한 땅'에서 몰아내 줄 제2의 살라딘을 기다리기 시작하였다.

이스라엘의 건국

시오니즘은 세계에 흩어져 살던 디아스포라 유대인이 팔레스타인 땅에 돌아와 유대인 국가를 세우기 위한 유대인 민족주의 운동이었다. 시온(Zion)이란 이름은 동예루살렘 성벽 남서쪽에 있는 작은 언덕이며 예수와 그의 사도가 '최후의 만찬'을 가졌던 곳이라 기독교인의 성지이기도 하다. '시온으로 돌아가자'라는 메시아적 개념을 '팔레스타인으로 돌아가자'라는 정치적 개념으로 바꾸는 데 결정적 역할을 한 사람은 헝가리 출신의 테오도르 헤르츨(Theodor Herzl)이다. 헤르츨은 『유대 국가』라는 책을 통하여 시오니즘을 촉진시켰다.

1차 세계대전 초기인 1915년 주(駐) 카이로 영국 고등판무관 맥마흔은 메카의 족장인 후세인에게 만약 아랍인이 참전하여 영국의 승리에

기여한다면 종전 후 팔레스타인에 아랍국가를 세워주겠다는 약속을 담은 '맥마흔 선언'을 하였다. 그런데 1917년 영국의 외무장관 벨푸어 경은 전쟁 중 유대계 자금과 유대인의 지지를 얻기 위해 '영국은 유대인들이 팔레스타인에 유대인 민족국가를 건설하는 것을 지지할 것'이라며 '벨푸어 선언'을 해버렸다. 이렇게 영국은 팔레스타인 영토 안에 유대국가와 아랍국가의 설립을 모두 인정하는 이중 약속을 한 것이다.

제1차 세계대전이 끝난 후 국제연맹은 이 지역을 영국이 위임 통치 (1917~1948)하게 했다. 영국은 팔레스타인 동쪽 지역에는 하심 가문의 혈족을 왕으로 삼고 트랜스 요르단(오늘날의 요르단 왕국)을 건국했다. 그런데 팔레스타인 지역에서는 상대적으로 다수를 이루고 있던 아랍인이 팔레스타인 민족이라는 이름으로 국가를 세우기 위한 민족주의 운동을 일으켰는데, 이는 유대인의 시오니즘과 정면충돌을 일으킬 수밖에 없었다. 영국은 약속 이행을 위해 한때는 팔레스타인 땅에 두 민족의 요구를 모두 수용할 수 있는 연방 국가의 수립을 모색하기도 했다. 그러나 유대인이 해외에서 대량 이주하고 토지를 매입하면서 위협을 느낀 아랍인이 반발하고 무장충돌이 발생하면서 양측의 분쟁은 격화되었다. 영국에 의한 여러 안은 유대인과 아랍국가 모두를 만족시키지 못했고 양측 간의 무력충돌과 함께 유대인 무장세력[8]이 영국군에 대한 테러를 감행하기에 이르렀다.

2차 세계대전 중 나치(Nazis)에 의해 자행된 유대인 학살을 계기로 해외 거주 유대인의 이주가 가속화되었다. 흩어져 살던 2천 년의 긴 세월

---

8 이르군(irgun)과 스턴 갱(Stern Gang), 하가나(Haganah) 등의 무장투쟁 단체의 활약이 두드러진다. 이르군의 유명한 지도자가 메나헴 베긴으로 이스라엘 건국에 큰 역할을 하였다.

동안 순수하게 그 혈통을 보존한 사람은 많지 않았기 때문에 유대인의 피가 조금만 흐르더라도 유대인으로 인정받았으며 유대인으로 인정받은 아내를 따라 혹은 남편을 따라서 온 이방인도 이스라엘 국적을 얻었다.

1947년 2월 18일 영국은 자신이 분쟁의 씨앗을 뿌렸던 팔레스타인 문제를 해결할 능력이 없다며 두 손을 들고 분쟁 해결의 책임을 유엔에 떠넘겨 버렸다. 유엔은 이 문제를 해결하기 위해 11개 국가로 구성된 'UN 팔레스타인 특별위원회'를 구성했다. 1947년 11월 29일 '영국의 팔레스타인 위임통치 지역을 분할하여 팔레스타인에 두 개의 국가, 즉 유대국가와 아랍국가를 만들고 예루살렘은 국제 신탁통치 지역으로 한다.'라는 유엔 제181호 결의안을 통과시켰다.

그 내용은 팔레스타인 전 지역의 56.47%는 유대국가에, 42.88%는 아랍국가에, 국제관할 지구로는 예루살렘을 포함하여 0.65%를 할당하였다. 이 결의는 1948년 10월 1일까지 유대국가와 아랍국가 건설을 목표로 하였다. 그러나 당시에 팔레스타인인은 영토의 87.5%를 소유하고 있었던 반면 유대인은 6.6%만을 소유하고 있었고, 나머지는 영국위임통치청의 국유지였다. 당연하게도 팔레스타인인은 유엔분할안을 거부하였고 유대인은 적극적으로 찬성하였다.

이런 갈등 속에서 1948년 4월 9일 베나헴 베긴 등이 이끄는 유대 군사조직이 예루살렘 부근 아랍인 마을 데이르 야신 마을을 공격하여 남녀노소 가리지 않고 250명 이상을 학살했다. 이스라엘과 팔레스타인 라디오는 신속하게 이 사실을 좀 더 과장되게 보도했는데 이스라엘은 팔레스타인 사람에게 '공포'를, 팔레스타인 쪽은 '봉기'를 촉구하고자 하는 의도였다. 하지만 결과적으로 이스라엘이 원하는 방향으로 사건은 흘러갔다. 팔레스타인인은 공포에 질려 자신의 마을을 떠나기 시작했다.

UN 결의에 따라 영국 위임통치 종결 8시간 전인 1948년 5월 14일 오후 4시 이스라엘의 국민평의회 의장인 폴란드 출신 데이비드 벤구리온이 독립국가임을 전 세계에 선포하고 임시정부를 수립하였다.

2장

제1차 중동전쟁(독립전쟁)

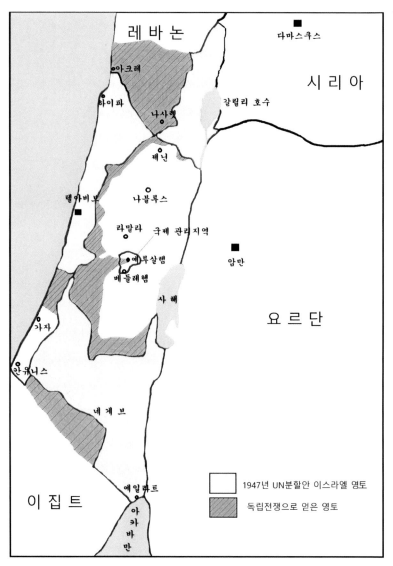

독립전쟁 이후 이스라엘의 영토 변화

"이스라엘 국가가 더 이상 존재하지 않을 때까지 이스라엘 정부와 어떤 협상도 하지 않는다."

아랍국가는 이스라엘의 독립선언에 위와 같이 선포하며 전쟁을 개시했다.

이집트, 트랜스 요르단, 이라크, 시리아, 레바논의 주변 5개국 군대가 일제히 이스라엘을 공격함으로써 전쟁이 발발했다. 그것도 독립을 선언한 1948년 5월 14일 바로 몇 시간 후인 이튿날에 공격해 왔다. 주변국은 이미 이스라엘과의 전쟁 준비를 하고 있었고 명분이 생기자 즉각 개전을 시작할 수 있었던 것이다.

이집트군이 1개의 전차대대와 약 1만 명의 병력을 팔레스타인 지역에 투입하면서 본격적인 전투가 시작되었다. 이집트 전투기는 텔아비브를 폭격했고, 아랍 7개국 3만 5,000명의 병력이 2만 명의 이스라엘군을 향해 공격을 감행했다. 전쟁 초기에 고전하던 이스라엘군은 체코에서 공수해온 야포, 소형 전차, 자동소총, 기관총 등으로 전세를 역전시켜나갔다. 6월 11일에 1차 휴전이 성립되었으나 7월 8일 전투가 재개되었고 7월 18일에 2차 휴전했다. 얼마 후 2만 명의 병력으로 이집트는 다시 침공했지만, 팔루자 주변 지역에서 이스라엘군에 의해 이집트군이 포위됨으로써 패전을 인정해야만 했다.

이스라엘은 70만 명의 인구로 아랍 5개국 연합 인구인 3억 8,000만 명과 대결하였다. 이 전쟁에서 승리하면서 이스라엘은 유엔의 팔레스타인 분할안에 할당된 1만 4,900㎢보다 5,900㎢나 더 넓은 영토를 획득하였다. UN 보고서에 따르면 72만 6천 명의 팔레스타인인이 주변 아랍국가나 그 밖의 곳으로 피난하였고 약 3만 2천 명의 팔레스타인인이 휴전선 내의 피난민이 되었다. 이때 팔레스타인 전체 마을의 50%가 넘는 약 531개의 마을과 도시가 파괴되었다. 물론 정복된 지역에 그대로 머물고 있었던 팔레스타인인도 있었다. 이들은 이스라엘 시민권을 받을 수 있는 일정 기회가 주어져 이때 이스라엘 국적을 획득한 아랍인이 약 10만 명 정도나 되었다.

이집트와의 휴전 협정 다음 날인 1949년 1월 25일 선거에서 120명으로 구성된 이스라엘 의회가 구성되었고 폴란드 출신 데이비드 벤 구리온이 초대 총리로 선출되었다. 1950년 이스라엘 정부는 '부재자(不在者) 재산법'을 발표하여 집과 토지 재산을 버리고 피난을 간 팔레스타인인의 재산을 국가에 귀속[9]시켰으며 '귀환법'을 발표하여 해외에서 몰려오는 유대인에게 이 토지와 재산을 나눠주었다.

---

9 당시 팔레스타인인의 피난으로 비게 된 집과 재산을 과거 이웃이었던 유대인이 점유하게 되었는데 '부재자(不在者) 재산법'은 이들 유대인에게 재산권을 인정하는 법이었다. 당시 점유된 재산은 거의 다시 국가에 팔았기 때문에 자연스럽게 과거 팔레스타인인의 재산은 이스라엘 정부에 귀속되었다.

　　　　　　　　　　　　단숨에 읽는 중동전쟁 개정판

전쟁과 전쟁 사이

　1951년 요르단의 왕 압둘라 1세[10]가 요르단의 영토인 동예루살렘에
있던 이슬람의 성지 알 아크사 사원을 방문하고자 하였다. 당시에 요르
단 주재 영국대사는 그의 신변이 위험할 수 있다는 경고를 해줬지만, 그
의 계획을 변경시킬 수는 없었다. 요르단은 1948년 영국의 위임통치가
끝났지만, 여전히 영국과 정치적, 군사적으로 긴밀한 유대관계를 유지하
고 있었다. 주목할만한 점은 요르단은 불과 3년 전에 이스라엘과 전쟁

---

10 그는 영화 <아라비아 로렌스>로 유명한 토마스 에드워드 로렌스와 함께 오스만 투르크
에 대항해 게릴라전을 펼친 인물이었다. 그의 가문은 예언자 무함마드의 후손인 '하심'
가문에 속했다. 하심 가문은 이슬람 성지인 메카와 메디나를 사우디아라비아를 세운 이
븐 사우드에게 빼앗겼으나 이라크와 시리아의 왕권을 차지할 수 있었다. 하지만 요르단
왕가 이외에 이라크, 시리아에서는 비극으로 왕정이 끝을 맺는다.

을 벌인 국가였지만 팔레스타인 문제만큼은 이스라엘과 공통된 이해관계를 가지고 공공연히 협력하고 있었다는 것이었다. 그 공통된 정책은 팔레스타인인이 자신의 영역 안에서 독립국가를 만드는 것을 저지하는 것이었다.

요르단은 동예루살렘을 포함한 요르단강 서안지구에 70만 명의 팔레스타인인을 수용하고 있었으며 요르단 내부에도 1948년 이후로 50만 명이 피난 와서 살고 있었기 때문에 그들의 독립 요구는 요르단의 영토 축소와 함께 큰 혼란을 일으킬 수 있었다. 더욱이 그들은 요르단 왕의 충성스러운 백성이 아니었다. 아직 왕정과 국가체제가 불완전한 상황에서 팔레스타인 문제는 큰 고민거리였고 따라서 요르단 국왕은 이스라엘과 공공연히 협력하였다.

이런 정세 속에서 주위의 반대를 뿌리치고 팔레스타인 거주지역인 동예루살렘에 있던 알 아크사 사원[11]을 방문한 요르단 왕 압둘라 1세는 알 아크사 사원을 들어가기 위해 그의 호위병을 뒤쪽에 머물도록 하였다. 바로 그때 팔레스타인 청년 슈크리 아슈가 문 뒤에서 뛰어나와 왕의 목과 가슴에 총을 쏘았다. 순식간에 벌어진 총격으로 왕은 그 자리에서 즉사했으며 팔레스타인 청년도 그 자리에서 사살되었다. 같이 갔던 왕이 아끼던 16세의 손자 후세인도 가슴에 총을 맞았으나 총알이 가슴에 달린 메달을 맞고 튕겨 나가 목숨을 건질 수 있었다. 압둘라 왕의 사후 곧바로 그의 아들이 왕에 올랐으나 병약하여 정신이상 증세를 보이자 가까스로 목숨을 건진 손자 후세인이 아버지를 대신해 17세의 나이로

---

11 이슬람교도는 원래 솔로몬(B.C. 10C) 왕의 성전과 왕궁이 있던 장소에 이슬람 사원을 세웠다. 알 아크사는 아랍어로 '가장 먼 모스크'라는 뜻이며 바위의 사원을 포함하고 있다.

요르단 왕에 올랐다. 후세인은 영국에서 서구식 교육을 받고 자란 인물이었다. 그는 이후 외교에서 친서방과 아랍 민족주의 사이를 오가며 그의 왕좌를 유지하는데 탁월한 능력을 보여 준다.

1952년 이집트에서는 군대 내 비밀조직인 '자유 장교단'을 중심으로 군사 쿠데타가 발생해 왕정을 끝내고 공화국이 수립되었다. 이 쿠데타를 주도했던 인물 중 한 명에 나세르 대령이 있었다. 그는 1차 중동전쟁에서 소령으로 참전을 했으나 팔루자 부근에서 이스라엘군에게 포위되어 수모를 겪은 경험이 있었다. 30대의 혈기 왕성한 민족주의자 나세르는 이스라엘에 당한 모욕에 분통을 터트렸고 이스라엘을 굴복시키기 위해서는 무엇이든 해야 한다고 생각했다. 1956년 6월 내부 권력투쟁에서 승리한 그는 이집트의 제2대 대통령에 취임했다.

시리아는 1946년 프랑스로부터 독립하였고 곧바로 이스라엘과의 전쟁에서 패했다. 시리아 정부는 취약했고 젊은 장교들은 문민정부에 불만을 품고 있었다. 마침 군에 보급되던 식용 버터가 버려진 뼈를 이용해 만들어졌다는 것이 알려졌고 곧바로 군사 쿠데타가 발생했다. 이후 17년 동안 시리아에서는 군사 쿠데타가 9번이나 일어날 정도로 일상화되었고 자연스럽게 군인은 정치권력에 집착했다. 시리아의 군대는 이스라엘에 대한 적개심은 대단했으나 그것을 위해 아무것도 하지 않았다. 군대 지휘관은 전쟁을 승리로 이끌기 위해 머리를 싸맨 것이 아니라 정치적 승리를 위해 더 많은 시간을 할애했다.

3장

제2차 중동전쟁(1956)
– 시나이·수에즈 전쟁

독립전쟁으로 이스라엘의 영토는 확장되었지만, 이스라엘의 국경선은 길고도 취약했다. 일부 영토의 폭은 16㎞도 되지 않았고 국경선과 이스라엘의 주요 도시는 적의 포격에 완전히 노출되어 있었다. 이스라엘은 이러한 비정상적인 국경선의 변화를 원했다. 그런데 이러한 국경선을 바꿀 수 있는 계기가 생겼다.

1956년 7월 갓 취임한 이집트 나세르 대통령이 수에즈 운하의 국영화를 전격적으로 선언한 것이었다. 운하의 공동 소유주였던 영국과 프랑스는 나세르에 격분하였다. 그들은 이집트에 '본때'를 보여주기로 했고 이스라엘과 비밀협정을 체결하였다. 절대적인 우위에 있는 공군은 영국과 프랑스가 맡고 이스라엘은 육군으로 수에즈 운하를 향해 돌격하기로 역할 분담을 하였다.

나세르

그해 10월 이집트는 아카바만을 봉쇄하고 이스라엘 선박의 통행을 막았다. 아카바만의 봉쇄는 이스라엘의 경제적 숨통을 조이겠다는 의미였다. 이 조치는 이스라엘군을 신속하게 움직이게 하였다. 10월 29일 이스라엘군은 공수부대를 미틀라 통로에 낙하한 후에 1개의 기갑여단과 2개의 기계화여단을 포함한 4만 5천 명의 병력으로 이집트를 공격했다. 이집트 정보부대는 이스라엘 공수부대의 침투를 예측하지 못했다. 애꾸눈 모세 다얀[12] 장군이 이끄는 이스라엘의 전차부대는 거침없이 시나이

---

12 2차 대전 중에 영국군으로 참전해 비시정권의 프랑스군과 전투를 벌이다 한쪽 눈을 잃었다. 민병대인 '하가나'를 조직하여 영국과 팔레스타인에 대항하여 무장활동을 하다 1939년 영국당국에 체포되기도 하였다.

단숨에 읽는 중동전쟁 개정판

사막을 가로질러 이집트군을 밀어냈다.

10월 31일 나세르는 그의 머리 위로 영국과 프랑스 공군이 날아와 이집트 공군기지에 폭탄을 떨어뜨리자 당황하여 어쩔 줄 몰라 했다. 그는 시나이반도에서 이스라엘군과 교전 중인 이집트 군대에 시나이반도를 포기하고 수도 카이로와 수에즈 운하 방어를 하도록 명령했다. 이스라엘군은 무질서하게 철수하는 이집트군을 공격하면서 손쉽게 시나이반도를 접수하였다.

영국과 프랑스, 그리고 이스라엘의 전격전은 군사적으로는 큰 성공을 거두었지만, 외교적으로는 대실패를 맛보게 된다. 초강대국 미국의 아이젠하워 대통령과 소련의 흐루시초프 서기장은 이 전쟁을 침략으로 규정했고 외교적 압박을 가하였다. 그 결과 영국과 프랑스는 수에즈 운하를 포기해야 했고 이스라엘은 점령한 시나이반도에서 철수할 수밖에 없었다. 하지만 이스라엘은 철수의 대가로 이집트로부터 아카바만을 통해 이스라엘의 에일라트로 배가 자유롭게 통행할 수 있는 허가를 받아냈고, 티란 해협을 관리할 수 있는 샤름 엘 셰이크에 유엔평화유지군이 배치되도록 하여 해협의 안전은 보장받을 수 있었다.

이집트의 나세르 대통령은 한때 수세에 몰렸지만, 미국과 소련 덕분에 결국 수에즈 운하의 이권은 이집트로 넘어왔고 이스라엘에게 한 치의 땅도 빼앗기지 않으면서 이스라엘에게 침략자라는 국제적 비난을 받게 했다. 그는 아랍의 영웅이 되었고 '아랍인의 영광'을 구현할 수 있는 인물로 추앙받게 되었다. 아랍인은 십자군을 예루살렘에서 몰아낸 살라딘의 모습을 나세르에게서 찾게 되었다.

하지만 이 전쟁은 분명히 군사적으로 패배한 전쟁이었다. 나세르는 이집트 국민과 아랍인의 달콤하고 열광적인 환호에 취해 현실을 객관적으로 보지 못했다. 그는 전쟁에서 일방적으로 몰렸었던 것을 잊어버리고 그의 무능했던 이집트군 지휘관들을 그대로 두었다. 그의 친구이며 오랜 동지인 국방부 장관 아브드 알아킴 아메르(이하 아메르)를 해임하지도 않았고 공군 지휘관 시드키 마무드(이하 시드키)도 마찬가지였다. 나세르는 11년 후 그 대가를 혹독하게 치르게 된다.

전쟁과 전쟁 사이

1959년 팔레스타인인 야세르 아라파트는 '파타'라는 정당을 만들었다. 1964년 그의 명령하에 팔레스타인인 일부가 이스라엘의 상수도 시설을 파괴하기 위해 레바논 국경에서 이스라엘로 잠입하다 체포되었고 또 다른 팀은 잠입에 성공했지만 설치된 폭탄이 터지지 않아 실패했다. 하지만 이 사건은 이스라엘 정보당국에 그의 이름을 알리게 되었고 1967년 팔레스타인해방기구[13] 의장이 되면서 팔레스타인인의 저항운동을 상징하는 인물로 부상했다.

---

13 나세르의 지원으로 1964년 만들어진 팔레스타인 저항단체이다. 팔레스타인해방기구 (Palestine Liberation Organization), 보통 PLO로 불리게 된다. 최초의 지도자는 아메드 슈키이리라는 인물이었다.

1966년 당시 시리아는 시아파의 분파인 알라위파 군인이 장악하고 있었고 '알 아타시'라는 인물이 대통령에 취임하였다. 그들은 자신의 권력을 안정화하고 대다수가 순니파인 주민의 지지를 얻기 위하여 이스라엘과의 분쟁을 선택했다. 봄과 여름 양국 간에 치열한 포격전과 게릴라전이 벌어졌고 곧이어 공중전까지 벌어졌다. 11월 초 시리아는 이집트와 상호보안조약을 체결했다.

11월 3일 이스라엘군이 요르단 영토 내의 요르단강 서안지구의 사무아 마을을 공격했다. 얼마 전 유대인 아파트를 폭파 시도하고 열차를 탈선시킨 팔레스타인 테러리스트의 본거지라는 이유에서였다. 이스라엘군과 요르단군과의 교전이 있었고 요르단은 사상자와 함께 전투기 1대가 격추되었다. 이 사건은 그전까지 이스라엘에게 우호적이었던 후세인 국왕의 마음을 돌려놓았다.

<이날의 공중전>

1966년 11월 13일 이스라엘의 프랑스제 미라주 Ⅲ 전투기 4대는 아침 일찍 요르단 국경으로 출발하였다. 이스라엘 전투기는 랜 로넌 소령이 이끌고 있었다. 요르단 국경이 가까워지면서 그들 아래에서 이스라엘군을 공격하는 요르단 전투기를 발견할 수 있었다. 요르단 공군 편대는 총 8대로 구성된 영국제 호크헌터였으며 파일럿도 영국인 교관에 의해 잘 훈련되어 있어 만만히 볼 상대가 아니었다.

이스라엘 공군 전투기는 아래에 있는 요르단 전투기를 향해 달려들었으며 곧이어 서로의 뒤꽁무니를 잡기 위한 치열한 도그 파이팅(Dog Fighting)[15]이 시작되었다. 6분 동안 서로 간 뒤꽁무니를 잡기 위해 굉음을 내며 혼란스러운 비행이 이루어졌고 이스라엘의 랜 로넌 소령은 한 대의 호크헌터의 뒤꽁무니에 가까스로 붙을 수 있었다. 요르단 조종사는 그를 떼어내기 위해 급상승을 시도했다. 랜 로넨 소령도 그의 뒤를 따라잡기 위해 급상승을 같이했다. 서로 간 상대방의 기체나 파일럿이 이러한 급상승에 무리가 오거나 지치기를 바랐으며 어느 한쪽이 상승을 멈추고 하강하는 순간 불리한 위치에 놓이게 되었다.

한참 동안 서로를 주시하며 수직으로 상승했는데 로넨 소령이 기체에 무리가 오는 것을 느끼는 순간과 동시에 요르단 전투기가 상승을 멈추고 급강하하기 시작했다. 이에 로넨 소령도 상승을 멈추고 그의 뒤를 추격하였고 요르단 전투기는 급강하하여 근처의 계곡으로 도망갔다. 또다시 계곡 사이에서 250m 간격을 두고 추격전이 벌어졌고 두 비행체의 저공비행으로 계곡은 굉음과 먼지로 가득 차게 되었다.

얼마 안 있어 로넨 소령은 호크헌터가 기수를 잠깐 올리는 찰나에 사격을 가해 기체 뒷면에 명중을 시켰고 곧 뒤쪽 기체에 불이 붙었다. 기체는 기울어지기 시작했으며 요르단 조종사는 사출장치를 작동하여 탈출을 시도하였다. 하지만 기체가 기울어진 탓에 탈출 파일럿은 옆 암벽을 그대로 들이받고 즉사해 버렸다. 그리고 곧이어 요르단 전투기도 사막에 추락했다. 로넨 소령은 그 장면을 다음과 같이 안타까워했다.

"적군을 떠나서 같은 조종사이자 동료로 봤을 때 요르단 조종사가 안전하게 탈출했으면 했습니다."

5개월이 지난 1967년 4월 7일 이스라엘군과 시리아군은 골란고원 주변에서 맹렬한 포격전과 함께 공중전을 벌였는데 이스라엘 공군에 미그기 4대가 격추당하며 시리아가 일방적으로 밀려버렸다. 다급해진 시리

---

14 상대방 전투기의 뒤꽁무니에 붙어 추격하다 기관포나 미사일로 상대를 격추하는 전투방식으로 개들이 싸우는 모습과 흡사하여 이렇게 불린다. 이러한 방식은 상대의 뒤꽁무니를 누가 잡느냐가 전투의 승패를 가른다. 1, 2차 세계대전부터 1970년대까지 행해졌던 공중전 형태였다. 최근의 공중전은 미사일과 레이더의 발달로 먼 거리에서 상대방을 격추하기 때문에 이런 근접전은 잘 발생하지 않는다.

아는 조만간 이스라엘이 다마스쿠스를 향해 진격할 것이라고 엄살을 떨었고, 시리아의 후견인인 소련도 대규모의 이스라엘군이 시리아 국경에 집결했다는 첩보를 시리아에 잘못 전달했다.

이집트 대통령 나세르는 아랍 민족에게 공언하고 있었던 이스라엘 소멸을 실행에 옮겨야 할 때라고 생각하기 시작했다. 5월 16일 이집트군은 가자지구에 있는 유엔 평화유지군을 강제로 철수시키고 가자지구를 장악해 버렸다. 유엔 평화유지군 장교는 떠나면서 이집트 장교에게 이것이 무엇을 의미하는지 걱정스럽게 물었다. 이집트군 장교는 희망찬 목소리로 다음과 같이 답했다.

"숙고 끝에 내린 결정이고 어떤 상황에도 준비가 되어 있습니다. 전쟁이 난다면 텔아비브(이스라엘의 수도)에서 뵙겠지요."

긴장이 고조되자 미국의 존슨 대통령은 이스라엘 총리 에슈콜에게 서한을 보내 절대로 먼저 도발하지 않도록 경고했다. 동시에 이스라엘에 물자지원을 해 줌으로써 이스라엘을 회유했다.

하지만 나세르의 도발은 더욱 노골적으로 이루어지고 있었다. 그는 시나이 사막과 아카바만 입구에 배치되어 있던 유엔군도 강제로 철수시키고 이들 대신 이집트군 8만 명과 러시아제 탱크 900대를 투입했다. 5월 22일 나세르는 아카바만을 봉쇄하고 이스라엘의 홍해 항로와 석유공급을 끊어버렸다. 나세르는 말했다.

"샤름 엘 셰이크(Sharm-el Sheikh)를 인수한 것은 이스라엘과의 대립을 의

미한다. 이러한 조치는 우리가 이스라엘과의 전쟁에 돌입할 준비가 되어 있음을 의미한다. 이것은 단독 작전이 아니다. 전투는 전면전이 될 것이며 우리의 목표는 이스라엘을 파괴하는 것이다. 1956년부터 약 11년이 지난 지금 내가 이 말을 하는 것은 자신이 있기 때문이다."

나세르의 해협 봉쇄는 이스라엘 입장에서 볼 때 1956년과 같은 전쟁 선포와 다름없었다. 나세르가 해협을 봉쇄한 다음 날 에슈콜과 내각은 이스라엘군과 예비군에 총동원령을 내렸다. 48시간 내 25만의 병력을 전장에 투입할 수 있었다. 며칠 내로 50세 이하 이스라엘 남성 대부분이 어떠한 형태로든 군에 복무해야만 했다. 일부 고령의 남자는 부대에 찾아와 같이 싸울 수 있게 해달라고 요구하기도 하였다. 하지만 총동원령으로 인해 이스라엘 경제는 사실상 멈췄고, 이스라엘은 계속 이러한 상태를 유지할 수 없었다. 빠른 시간 안에 '전쟁을 하든, 평화협상을 하든' 해야 했다.

나세르가 전쟁을 촉발하는 발언을 하면 할수록 아랍인 사이에서 그의 인기는 높아져만 갔다. 이러한 현상은 서안지구 팔레스타인 사회에서 더욱 두드러졌다.

이에 요르단 왕 후세인은 머리가 복잡해지기 시작했다. 그는 시리아 때문에 전쟁을 벌일 생각은 추호도 없었다. 시리아 정치인들은 공공연히 요르단이 시리아 영토에 편입되어야 한다고 말했기 때문에 요르단 왕은 시리아를 좋아하지 않았다. 하지만 아랍인들이 나세르를 영웅으로 받들고 이스라엘 타도를 외치는 정세 속에서 다른 의견을 낸다는 것은 하심 왕가를 불안하게 할 뿐이었다.

후세인 왕은 결단을 내려야 했고 마침내 5월 30일 군복을 입고 카이로로 향했다. 그날 오후 3시 30분 〈카이로 라디오〉는 긴급 속보로 이집트와 요르단 간의 군사적 협약을 발표했다. 요르단 왕 후세인은 귀국길에 엄청난 인파에 휩싸여 환영을 받았다. 이미 전쟁에서 아랍이 승리한 것 같은 분위기였다.

이스라엘의 총리 에슈콜은 극심한 스트레스에 시달렸다. 초대 총리 벤구리온의 후임자였던 에슈콜은 당시의 관례대로 총리와 함께 국방부 장관을 겸임하고 있었다. 하지만 그는 벤구리온과 같이 '건국의 아버지'도 아니었고 리더십도 '그'만하지 못하였다. 그는 군인을 통제할 수 있을 만큼 명망이 있지 못했다. 그는 당장에라도 탱크를 몰고 이집트로 쳐들어가려고 하는 군인을 제어할 수 있는 인물을 찾아야 했고 가까스로 전쟁 하루 전에서야 모세 다얀을 국방부 장관에 임명할 수 있었다. 모세 다얀은 2차 세계대전이 한창인 1941년 레바논에서 호주군과 함께 프랑스 비시정권의 군대와 교전 중 한쪽 눈을 잃었다. 그럼에도 이스라엘 독립전쟁에 적극적으로 가담하여 혁혁한 공을 세웠고 1953년에는 이스라엘 참모총장으로 임명되었던 인물이었기 때문에 군대 내에서 신임이 두터웠다. 그리고 그는 선제공격의 중요성을 매우 잘 알고 있었다.

한편 미국과 소련은 이집트에게도 전쟁을 일으키지 말 것을 경고하는 메시지를 보내고 있었다. 하지만 나세르는 이스라엘과의 긴장을 높임으로써 많은 것을 얻고 있었다. 그리고 결국에는 1957년 수에즈 전쟁처럼 외교적으로 큰 성공을 거둘 것이라는 막연한 기대를 하고 있었다. 이집트 공군참모총장 시드키는 선제공격을 해야 한다고 주장했지만 묵살되었다. 나세르는 현 상황에 만족하고 있었고 비록 이스라엘이 선제공격해온다고 하더라도 이집트가 충분히 반격할 수 있다고 믿었다. 그리고 선제공격한 이스라엘은 과거와 같이 국제적 고립을 당할 것이었다.

전쟁 하루 전 6월 4일 일요일 밤 가자지구 남쪽에 배치된 이집트 경비병은 이스라엘 군인이 공격 준비를 하고 있다는 것을 눈치챘다. 이들은 "6월 5일 동틀 무렵 시나이 지상군에 이스라엘군이 공격을 가할 것으로 보인다."라고 보고했지만 상부에 제대로 전달되지 않았다. 후세인 요르단 왕도 이스라엘이 이집트를 공습할 것이라는 첩보를 입수하고 이집트에 급보를 보냈다. 하지만 이집트의 대응은 너무나도 안일했다. 이집트 국방부 장관 아메르가 결정한 것은 다음 날 아침 비행기를 타고 시나이의 이집트 부대를 시찰해보기로 결정한 것이 전부였다.

4장

제3차 중동전쟁(1967)
– 6일 전쟁

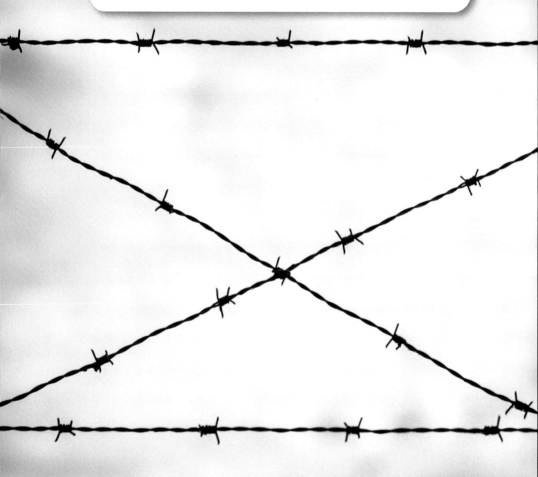

이스라엘

다마스쿠스

하이파

골란 고원

텔 아비브

라말라

암만

포트 사이드

가자

엘 아리쉬

라파

에루살렘

요르단 강 서안

요르단

가디 고개

에일라트

미틀라 고개

아카바

수에즈

아
카
바
만

이스라엘군의 점령지

시나이에서의
이스라엘군의 진격

샤름 엘
셰이크

티란 섬

6일 전쟁에서 이스라엘군의 침공과 점령지

단숨에 읽는 중동전쟁 개정판

다시 시작된 전쟁

뜨거운 태양이 내리쬐기 시작하는 6월 이스라엘군은 나세르의 도전적인 군사적 조치와 이스라엘에 퍼붓는 모욕을 참아가며 전의를 불태우고 있었다. 반면 이집트군은 시나이 사막에서 전투준비보다는 나세르의 달콤한 언약과 같은 '이스라엘의 멸망'을 라디오로 들으며 만족해하고 있었다. 더욱이 시리아는 이 긴장의 원인 제공자였음에도 불구하고 어떠한 해결책이나 대비책을 낼 생각은 없었고 이집트의 나세르만 쳐다봤다.

아랍인들이 '6월 전쟁'이라 부르고 이스라엘은 '6일 전쟁'이라고 부르는 전쟁은 이런 상태에서 시작되었다.

6월 5일(1일)

이집트는 시나이에 병사 10만 명, 전차 950대, 장갑차 1,100대, 대포 1,000기를 두고 있었다. 이스라엘군은 7만의 병사와 4개 여단의 기계화 부대를 보유하고 있었다.

이스라엘 전투기 조종사는 사전에 목표물에 대하여 숙지가 되어 있었고 기습을 위해 서로 간에 무전을 끊은 채 공격하는 훈련을 해왔다. 이스라엘은 방어용으로 남은 4대의 전투기를 제외한 총 197대의 전투기를 이집트로 출격시키기로 했다. 일부 이스라엘 전투기는 통상적으로 비행 정찰을 했으며 평소와 같은 주파수를 이용하여 일상적인 대화를 녹음해 틀어 아랍국가의 정보부대가 기습을 눈치채지 못하도록 하였다.

작전 개시 시간, 즉 이집트 공군기지에 이스라엘 전투기가 도착하는 시간은 이스라엘 시간으로 아침 7시 45분이었고 이집트 시간으로는 아침 8시 45분이었다. 이 시각에 이집트 공군은 일상적인 정찰을 마치고 아침을 먹으러 비행장으로 귀환하는 시간이었고 지휘관은 출근하는 시간이었다. 이스라엘 전투기는 아침 햇살을 받으며 레이더에 잡히지 않기 위해 100피트 이하 고도의 저공비행으로 시나이 사막을 가로지르고 있었다. 이스라엘 조종사는 시나이 사막을 비행할 때 이집트 병사가 반갑게 손을 흔드는 것을 보고 작전이 순조롭게 진행되고 있음을 알 수 있었다.

이 시각 이집트 국방장관 아메르와 시드키 공군참모총장은 비행기를 타고 시나이 전선의 비르 타마다 공항으로 이동하고 있었고 모든 야전 사령관은 이들을 맞이하기 위해 공항에서 대기하고 있었다. 이집트 시각 8시 45분 이스라엘 폭격기가 이집트 공군 기지를 향하여 수직으로 낙하하기 시작했고 곧이어 지상에서 엄청난 폭음과 함께 폭탄이 떨어지기 시작했다. 이집트 장군과 병사는 무슨 일인가 하고 하늘을 멍하니 쳐다봤다. 그들 중 일부는 처음에 쿠데타가 발생한 것으로 생각했다.

육지에서도 이스라엘군의 침공이 시작되었다. 이스라엘군은 세 방향으로 침공하였는데 탈 준장이 이끄는 이스라엘 최정예 전차부대인 7기갑여단을 포함한 주력군은 지중해를 끼고 칸 유니스와 엘 아리쉬를 거쳐 수에즈 북부로 진격했으며 아리엘 샤론 준장이 이끄는 또 다른 부대는 시나이 중부인 미틀라와 가디 고개를 점령하기 위해 진격하였다. 마지막 부대인 요페 준장이 이끄는 부대는 이 두 부대의 중간인 시나이 사막을 가로질러 탈과 샤론 부대의 측면을 지원해주는 역할을 하였다. 이스라엘군이 몰려오자 시나이 주둔 이집트군은 다급히 반격하였다. 하지만 형편없는 장비 점검과 보여주기식 훈련만 한 이집트군은 처참히 무너졌다. 당시 이집트 장교 야히아 사드는 다음과 같이 증언했다.

"나는 (이스라엘) 전차가 다가오길 기다리며 엎드려 있었다. 전차가 사정거리 안에 들어와 로켓을 발사하려 했지만 작동하지 않았다. 지옥 같은 상황이었다. 다른 병사도 로켓 발사기가 고장 난 듯했다. 이스라엘 전차가 그 병사를 향해 총알을 퍼부었다. 그 병사는 로켓 발사기를 들고 전차에 뛰어들었다. 전차가 그를 짓밟았다. …전차 기관총에 수많은 병사가 죽임을 당했다."

아침을 먹기 위해 음식을 기다리고 있던 요르단 왕 후세인은 군사보좌관의 보고로 전쟁이 일어났다는 소식을 접했다. 얼마 후 이집트 국방장관인 아메르가 보낸 메시지가 도착했다. 침략한 이스라엘 전투기 중

4분의 3이 격추당했고 이집트가 총공세를 펼치고 있으니 요르단도 이스라엘을 공격하라는 내용이었다. 요르단군 레이더에는 이스라엘 상공에 수많은 전투기가 날아다니는 것이 잡혔다. 요르단군은 이것이 텔아비브를 폭격하는 이집트군 전투기라고 생각했다. 하지만 사실 이것들은 이집트를 폭격하고 연료를 재공급받으러 오거나 재폭격하러 떠나는 이스라엘 전투기였다.

이스라엘 전투기가 이집트의 수에즈와 시나이에 있는 공군 기지를 쑥대밭으로 만드는 동안 아메르 이집트 국방장관과 시드키 공군참모총장은 공황에 빠진 상태로 공중을 헤매고 있었다. 그들은 착륙할 수 있는 곳을 찾다가 그나마 공항이 거대하여 완전히 파괴되지 않은 카이로 국제공항에 착륙할 수 있었다.

아침 10시 이스라엘 정부는 처음으로 공식 발표를 했다. 이집트의 공군과 육군이 먼저 공격해서 반격하고 있다는 내용이었다. 더 자세한 내용은 없었다. 하지만 이집트 카이로 방송은 혼란스러운 전투상황 속에서도 놀랍게도 양국의 피해 상황을 구체적으로 알려주고 있었다. 이집트군은 침략하는 이스라엘 비행기 42대를 격추했고 이집트군 비행기는 단 한 대도 잃지 않았다고 발표하고 있었다. 계속되는 승리의 소식에 이집트 국민과 아랍인들은 거리에 나와 환호에 찬 목소리로 소리를 질렀다.

"나세르, 나세르, 우리는 당신을 믿습니다. 나세르, 나세르, 이스라엘을 끝장내세요."

요르단 후세인 왕은 이집트가 일방적으로 이기고 있는 이 시점이 이스라엘을 공격할 절호의 기회라고 생각했다. 그의 결정 직전 이스라엘 에슈콜 총리의 메시지가 도착했다. 이스라엘군은 이집트를 상대로 작전을 펼치고 있으며 요르단이 개입하지 않는 한 공격당하지 않을 것이라는 내용이었다. 하지만 후세인 왕은 이것을 궁지에 몰린 적이 보낸 애원의 메시지로 인식하였다.

요르단군은 오전 11시 30분 모든 전선에 야포를 발사했고 20분 후 요르단군이 보유하고 있는 전투기 24대 중 16대가 요르단군 유일의 공군기지인 마프락 공군기지에서 이스라엘 네타냐 공군기지를 향해서 출동했다. 얼마 후 요르단 전투기는 이스라엘 전투기 4대를 파괴하고 요르단 전투기의 피해는 없다고 무전을 보내왔다. 하지만 기쁨은 오래가지 않았다.

오후 12시 30분 네타냐 공군기지를 폭격하고 돌아온 전투기가 활주로에서 연료를 주입하며 재무장하고 있을 때 이스라엘 전투기가 들이닥쳤다. 이스라엘 공군이 괴멸 상태에 있다고 믿고 있었던 요르단 공군은 전투기에 잔뜩 공대지 미사일만 장착시키고 있었다. 3대의 요르단 전투기가 가까스로 공중으로 올라가 공대지 미사일을 사막 한가운데에 뭉텅이로 쏜 다음에야 이스라엘 전투기와 교전할 수 있었다.

요르단 파일럿은 영국 장교에 의해 잘 훈련되어 있었기 때문에 능숙한 공중전을 벌였다. 요르단 전투기에 의해 이스라엘 전투기의 손실이 발생했다. 하지만 요르단의 유일한 공군기지인 마프락 공군기지와 대부분의 요르단 전투기는 지상에서 파괴되었다. 얼마 후 살아남은 3대의 요르단 전투기가 수도 암만국제공항에 착륙하자마자 이스라엘 전투기가 들이닥쳐 그나마 온전한 전투기 3대도 파괴하였다. 암만국제공항도 공격을 받아 이제는 공항으로서 기능을 상실해 버렸다. 동시에 후세인 국왕의 집무실도 갑작스럽게 공중에서 기관포 사격을 받았다. 후세인 국왕은 뭔가 잘못되고 있음을 직감하였다.

예루살렘에서는 동부 예루살렘의 요르단군이 완충지대인 UN군 영역을 점령하였다. 명백한 정전협정 위반이었다. 정오에 선포된 잠깐의 휴전으로 서예루살렘에서 기회를 엿보고 대기하고 있던 이스라엘군은 동예루살렘으로 전격적으로 진격하였다. 곧이어 치열한 전투가 벌어지기 시작했다.

한편 시리아 전선에서는 12기의 이스라엘 전투기가 시리아 다마스쿠스 상공으로 날아가 공항을 폭격하여 그 기능을 상실시키는 데 성공하였다.

정오가 되자 카이로 군사본부에는 나세르와 아메르 국방장관, 시드키 공군참모총장과 함께 사다트 의회 의장과 부통령 등 여러 참모가 모이기 시작했다. 아메르와 시드키는 이스라엘이 이렇게 이집트 전역을 뒤덮을 정도로 많은 전투기를 가지고 있을 리 만무하며 미국과 영국이 폭격을 돕고 있다고 주장했다. 그들의 주장에는 어떠한 증거도 없었고 그저 공황상태에서 그들이 믿고 싶은 것을 말하고 있었다. 아메르는 전방에서 들어오는 피해를 통해 이집트군의 상황을 잘 알고 있었다. 하지만 그는 이집트군이 반격할 수 있다고 주장했다. 하지만 나세르는 그를 믿지 않았다. 그는 조용히 군사본부를 떠나 집무실이 있는 그의 자택으로 돌아갔다.

파괴된 시나이 비행장과 미그-21 전투기
비행장 바닥에 공습한 이스라엘군 미라주 전투기의 그림자가 보인다.

　이날 이스라엘 공군기는 9개의 이집트 공군기지에 폭격을 가했다. 불과 3시간 만에 이집트 전역의 공군기지와 군사시설을 폭격했다. 점심 무렵 이집트는 모든 경폭격기와 중폭격기를 상실했고 전투기도 대부분 파괴됐다. 운이 좋아 파괴되지 않은 전투기 6대가 룩소르 비행기지에 피신했으나 감청한 이스라엘군이 전투기를 보내 폭격함으로써 기존에 있던 비행기 8대와 함께 값비싼 고철 덩어리로 변했다. 결과적으로 이집트 공군이 보유한 350대의 전투기 중 겨우 8대의 전투기가 이륙하였을 뿐이었고 그마저도 공중에서 모두 격추되고 말았다.

저녁 늦게 카이로의 집으로 돌아온 이집트 의회 의장 사다트는 갑갑한 마음에 바람을 쐬고자 카이로 거리를 걸었다. 당시 거리에는 나세르를 외치며 전쟁의 승리를 자축하는 사람들로 넘쳐나고 있었다. 거짓 승전보를 듣고 춤을 추며 나세르를 연호하는 그들을 보며 사다트는 진실을 말해줄 용기를 낼 수 없었다.

전쟁 첫날 이스라엘은 이집트, 시리아, 요르단 공군과 지원 나온 이라크 공군 대부분을 무력화시켰다. 이스라엘은 전투기 19대를 잃었고 조종사 9명이 목숨을 잃었다. 전력의 10% 손실이었다.

6월 6일(2일)

새벽 시간에 이스라엘 공수부대원이 동예루살렘과 서안지구를 공격하기 시작했다. 특히 요르단군과 이스라엘군은 동예루살렘에서 치열한 시가전을 펼쳤다. 시가전 중 한 이스라엘 공수부대원이 요르단 병사와 갑작스럽게 마주쳤다. 그는 이전까지 한 번도 사람을 죽여본 적이 없었다. 그는 그 당시 상황을 이렇게 설명했다.

"우리는 서로 0.5초 동안 바라보았다. …우지 기관총을 그를 향해 움직여 몸통을 맞췄다. 순간이 영원처럼 느껴졌다. 그는 무릎을 꿇고 고개를 들어 공포에 질린 얼굴로 나를 쳐다보았다. 고통과 증오, 그렇다. 엄청난 증오로 뒤틀린 얼굴이었다. 나는 다시 총을 쏴 그의 얼굴을 맞혔다. 엄청난 피가 쏟아져 나왔다. …나는 토해버렸다. …우린 모두 살인 기계에 불과했다. 온몸이 살의로 으르렁거렸다."

요르단의 암만에서는 이른 아침 후세인과 나세르의 전화 통화가 있었다. 이 통화는 이스라엘군에 의해 고스란히 도청되었다. 나세르는 후세인에게 영국과 미국이 항공모함을 이끌고 아랍국가를 폭격하고 있다고 성명서를 내자고 제안했다.

나세르는 이스라엘 공군 단독으로 이집트와 주변 아랍국가를 동시다발적으로 공격할 수 없다고 생각했다. 나세르의 제의에 후세인이 동의했다. 나세르는 마지막으로 다음과 같이 말했다.

"매우 감사합니다. 강건하십시오. 전하와 마음으로부터 함께 하고 있습니다. 우리의 전투기가 오늘 이스라엘 상공에 가 있습니다. 우리 전투기가 아침부터 이스라엘 공군기지를 폭격하고 있습니다."

아침 10시 40분 카이로 라디오는 미국과 영국이 이스라엘 편에 서서 참전했으며 항공모함에서 출격한 전투기가 이집트군과 요르단군을 폭격하고 있다고 주장했다. 미국과 영국은 즉각 부인했으나 아랍인은 자신에게 진실만을 말할 거라고 생각하는 자국의 여론기관을 믿었다. 아랍 각국에 소재한 영국과 미국 대사관은 경비가 강화되었으며 일부 대사관은 시민들에게 공격을 받았다.

<이날의 공중전>

지오라 엡스타인 중위가 속해있는 이스라엘의 미라주 III 전투기 4대는 이집트 국경으로 향하는 중 가까스로 이륙하여 공중에 떠 있는 러시아제 수호이(Su-7) 3대를 발견한다. 곧이어 상대방의 꼬리를 물기 위해 7대의 전투기는 공중에서 회전하기 시작했고 먼저 이집트 전투기를 발견한 이스라엘 전투기가 후방에 붙으면서 2대의 이집트 전투기가 순식간에 격추되었다. 남아 있는 한 대의 이집트 전투기는 필사적으로 이집트 쪽으로 도망을 갔고 한 대의 이스라엘 전투기가 그 전투기에 기관포를 쏘며 추격하고 있었다.

엡스타인 중위도 곧장 추격에 합류하였으며 얼마 안 있어 먼저 추격하던 이스라엘 전투기가 탄약을 소진한 나머지 추격에서 이탈하였다. 도망가던 이집트 전투기를 홀로 추격하던 젊고 혈기왕성한 엡스타인 중위는 흥분한 나머지 기관포 무장 스위치를 풀지 않고 기관포를 발사했다. 총알이 나가지 않자 잘못되었음을 인지한 엡스타인은 다시 정신을 차린 후에 무장 스위치를 켰다. 그리고 기관포를 적의 엔진에 쏟아붓듯이 발사하자 이집트 전투기는 공중에서 폭발해 버렸다. 이 격추는 이후 이스라엘 공군의 전설이 되는 그의 첫 번째 격추가 되었다.

나세르는 끝까지 잘못된 믿음을 가지고 있었을 뿐 아니라 그 믿음을 다른 동맹국에도 강요하였다. 그는 이스라엘 전투기가 이집트, 요르단, 시리아 상공을 휘젓고 다닐 만큼 많다고 생각하지 않았다. 하지만 이 생각은 반만 맞은 생각이었다. 이스라엘 공군 조종사는 하루에 4~6번 출격을 하고 있었다. 비행기 정비팀과 조종사는 극심한 피로에도 불구하고 그들의 역량을 100% 이상 활용하고 있었다.

사태를 관망하던 시리아는 아침에 골란고원에서 2개 사단을 동원해 이스라엘 국경을 공격했다. 하지만 얼마 진격도 못 하고 이스라엘군에게 막혔고 이스라엘 공군이 투입되자 원래 있던 곳으로 퇴각하였다. 사실 시리아군은 전쟁 준비가 전혀 안 되어 있었다. 그들은 내부 권력투쟁에 몰두해 있었고 군대는 전혀 훈련되어 있지 않았다.

'6월 전쟁' 발발 9개월 전인 1966년 9월 또 다른 군부 쿠데타가 실패한 후 시리아 대통령 알 아타시와 국방부 장관이자 공군참모총장인 하페즈 알 아사드는 시리아군 역사상 가장 큰 규모의 숙청을 단행하고 있었다. 모두 400명의 장교가 해임되고 숙청되었으며 그중 시리아 남서부, 즉 골란 전선 책임자였던 장군도 있었다. 이스라엘과의 전투를 위해 필요한 노련한 장교는 없었고 장군들은 생존을 위해 혹은 권력을 쟁취하기 위해 머리를 굴렸다. 이러한 군대가 정예화된 이스라엘군에게 승리를 쟁취한다는 것은 거의 기적에 가까운 것이었다.

늦은 오후가 되자 이집트 국방부 장관 아메르는 당시로써는 최선의 결단을 내렸다. 이집트군을 수에즈 서안으로 철수하라는 명령이었다. 그러나 퇴각도 작전이 필요하다. 아군의 손실을 최소화하면서 퇴각해야만 하는 것이다. 참모는 퇴각작전을 만들었고 퇴각에 사흘이 걸린다고 보고했다. 하지만 아메르는 그의 참모에게 소리쳤다. 당장 중무기를 버리고 어두운 밤을 이용해 수에즈 서안으로 탈출하라는 명령이었다. 이 명령으로 인해 수천 명의 이집트 병사가 더 목숨을 잃었으며 수많은 아까운 무기가 버려지면서 이스라엘군 수중에 들어갔다. 그는 이 결정에 대해 다음과 같이 변명했다.

"명예나 용기의 문제가 아닙니다. 우리 병사를 살리는 문제예요. 적이 이미 우리 사단 2개를 박살 냈습니다."

한편 아카바만의 요충지 샤름 엘 셰이크를 지키고 있었던 이집트군 4,000명은 무슨 일이 벌어지고 있는지 몰랐다. 저녁이 되자 그들에게도 퇴각하라는 지시가 내려졌다. 당시 한 장교는 그 당시의 혼란스러움을 다음과 같이 회고했다.

"우리는 충격과 우울함에 빠졌다. 라디오에서는 여전히 승리의 노래가 울려 퍼졌고 승전 소식이 들려왔다. 우리 군이 텔아비브에 진입한다는 보도까지 있었다."

다음날 오전 11시 샤름 엘 셰이크는 이스라엘군에 의해 손쉽게 점령되었다.

1,250명의 쿠웨이트군이 시나이 전선을 지원하기 위해 도착했다. 그러나 아무도 그들에게 정확한 정보를 제공하지 않았다. 쿠웨이트군은 라디오에서 나오는 이집트군의 연전연승 소식에 기분 좋게 시나이로 들어갔지만, 그들을 기다리고 있는 이집트군은 없었다. 그들은 이스라엘군의 공격을 받고 허겁지겁 수에즈 서안으로 퇴각하였다.

팔레스타인인의 동향

가자지구에서는 1만의 팔레스타인 인민해방군(PLO)이 이스라엘군에 맞서 싸웠다. 하지만 제대로 훈련도 받지도 못했고 전차도 없었으며 공중지원도 없는 군대의 한계는 명확했다. 그들은 얼마 안 있어 패퇴했다.

요르단강 서안지구를 점령한 이스라엘군은 팔레스타인인에게 그들의 거주지를 떠나 요르단강 동안으로 가도록 위협을 가하거나 선동했다.

그리고 팔레스타인인이 제대로 물건을 챙기지 못하고 떠난 집에서는 약탈이 행해졌다. 일부 마을에서는 무장하지 않은 남자들이 학살을 당했다. 팔레스타인 해방군은 민병대였기 때문에 무기를 들지 않은 이상 민간인과 구별하기가 어려웠다. 이스라엘군은 젊은 팔레스타인 남자를 집밖으로 끌어낸 후 제대로 된 확인절차 없이 사살했다.

늦은 저녁에 예루살렘 북쪽에 위치한 팔레스타인인의 도시 라말라가 이스라엘군에 의해 점령당했다.

6월 7일(3일)

이스라엘군 선봉대가 아침에 수에즈 운하에 처음 도착했다. 시나이 전역에서는 여전히 이집트군이 무질서하게 퇴각하고 있었다. 당시 이집트군 대장 카마시는 다음과 같이 회고했다.

"6월 7일 아침 나는 가디와 미틀라에서 가장 멍청한 방법으로 후퇴하는 병사를 보았다. 계속되는 이스라엘군의 공중 폭격으로 미틀라 통행로는 거대한 묘지가 되었다. 시체가 널렸고 장비에서는 불이 나거나 화약이 폭발했다."

이집트 지휘본부는 사태가 심각함을 뒤늦게나마 파악하였다. 그들은 그제야 급조된 퇴각작전을 만들었다. 이집트 지휘본부는 안전한 퇴각을 위해 일부 보병사단과 전차부대에게 퇴각을 멈추고 자신의 위치를 사수하거나 반격하라고 명령했다. 이 부대의 병사들은 자신의 운명을 알고 있었으나 명령에 따라 용감하게 이스라엘군에 반격을 가했다. 이집트 군의 갑작스러운 반격에 이스라엘군의 진격은 잠시 멈추긴 했지만 얼마 안 있어 이집트 반격군은 이스라엘군에 포위되어 전멸하였다. 하지만 그들의 희생으로 시간을 벌게 된 이집트군은 무질서한 퇴각에 따른 대규모 희생은 면할 수 있었다.

동예루살렘

동예루살렘으로 진격한 이스라엘군 사이에서 하나의 무전이 들려왔다.

"성전산[15]이 드디어 우리 것입니다."

얼마 후 이스라엘 병사는 이스라엘이 신성시하는 '통곡의 벽[16]'에 도착했다. 이스라엘 공수부대원은 '황금의 예루살렘'이라는 노래를 누가 먼저라 할 것 없이 부르기 시작했고 종교적이지 않은 병사도 분위기에 압도되어 눈물을 흘렸다. 동예루살렘과 성지의 회복 소식은 무전을 통해 공중과 육지에서 전투 중인 이스라엘 군인에게 알려졌고 그들의 가슴에 형언할 수 없는 벅찬 감동을 안겨주었다.

---

15 유대교. 기독교, 이슬람교의 성지이다. 이곳은 아브라함이 이삭을 신에게 바친 곳이기도 하며 유대교의 성전이 있던 곳이기도 하다. 이슬람교에서는 예언자 무함마드가 하늘로 승천한 곳이기도 하다. 그와 관련하여 우마르 사원(바위의 돔), 알 아크사 사원이 세워져 있다.

16 솔로몬(B.C. 10C) 왕은 성전산에 화려하고 웅장한 유대인 성전을 세웠다. 이후 바빌로니아 침공으로 성전이 파괴되었으나 헤롯왕(B.C. 73~A.D. 4)이 재건하였다. 그러나 다시 로마군에 의해 파괴되었으며 성전의 서쪽 외벽만 남았다. '통곡의 벽'의 유래는 로마군에 의한 유대인 학살을 지켜본 성벽이 밤에 통곡했다는 설과 유대인이 이곳에서 성전을 잃은 슬픔을 토해냈다는 데서 유래한다는 설이 있다.

통곡의 벽 앞의 이스라엘 군인

점령한 동예루살렘에 진입한 국방부 장관 모세 다얀은 다음과 같이 대국민 연설을 했다.

"우리는 예루살렘을 통일했습니다. …우리는 가장 성스러운 곳에 왔고 다시는 떠나지 않을 것입니다."

하지만 모세 다얀은 과거 이슬람의 영웅 살라딘이 예루살렘을 점령한 후 베풀었던 관용을 똑같이 행했다. 그는 이슬람교도가 신성시하는 우마르 사원(바위의 돔)[17]을 파괴하자는 주변 사람의 말을 무시했고 우마르 사원에 펄럭이던 이스라엘 국기도 내리라고 명령했다. 그리고 성전산

---

17 예루살렘을 정복한 2대 정통 칼리파 우마르가 사원을 건설했을 거로 후대인이 생각해 이름을 붙였다. 하지만 실상은 우마이야 왕조 5대 칼리파 말리크가 이 사원을 지었기 때문에 이 별칭은 분명 잘못된 것이다. 지붕을 금판으로 입혀 황금 사원이라고 불리기도 한다.

에서 이스라엘인을 모두 철수시켰으며 우마르 사원을 이슬람교도들에게 넘겨주었다. 이러한 모세 다얀의 조치는 현재까지도 유효하여 성전산은 이슬람의 성지로서 그 기능을 유지하고 있다.

요르단은 절박해졌다. 시간을 끌수록 요르단이 잃는 영토는 많아질 수밖에 없었다. 아침에 유엔에서 휴전결의안을 통과시켰고 요르단은 재빠르게 휴전안을 받아들인다고 통보했다. 하지만 이스라엘은 휴전안을 받아들일 생각이 없었다. 저항할 힘을 잃은 요르단군이 패퇴하고 있었고 이스라엘은 이들을 요르단강 동쪽으로 완전히 밀어낼 생각이었다.

요르단강 서안 일부 마을에서는 이스라엘군이 진입하자 수천 명의 팔레스타인인이 손수건을 흔들며 환영해서 이스라엘군을 어리둥절하게 했다. 팔레스타인인은 자신의 마을에 들어오는 군인이 이라크군이나 알제리군이라고 생각했고 라디오에서 떠들어대고 있는 패퇴하고 있는 이스라엘군일 거라고는 상상도 못 했기 때문이었다. 충격과 공포에 휩싸인 팔레스타인인이 부랴부랴 짐을 꾸리고 어린아이의 손을 잡고 요르단강과 사해를 향해서 이동했다. 팔레스타인인 약 15만 명이 요르단강 동안으로 이동을 시작했다.

요르단 병력 일부는 여전히 이스라엘군에게 맞서고 있었지만, 대부분은 동안지구로 도망가거나 서안에서 전멸했다. 요르단은 이제 국가의 운명이 위태로웠다. 수도 암만을 지킬 군대는 더 이상 존재하지 않았다. 얼굴이 벌게진 후세인 왕은 미국 존슨 대통령에게 전화해 미국이 압력을 넣어 이스라엘의 진격을 멈추게 해달라고 애원하였다.

이스라엘은 저녁 무렵 서안지구를 완전히 점령하는 데 성공했다. 이스라엘군은 다행히 요르단강을 건너지는 않았다. 요르단과의 전쟁은 끝났다. 후세인 왕은 〈라디오 암만〉을 통해 다음과 같이 대국민 연설을 했다.

"우리 군은 소중한 피를 흘리며 한 군데도 빠짐없이 영토를 지키려 했습니다. 국가는 아직도 마르지 않은 이 피를 숭고하게 여깁니다. …만약 영광이 돌아오지 않더라도 그것은 용기가 부족해서가 아니라 신의 뜻이기 때문일 것입니다."

이집트와 요르단과의 전쟁 3일 동안 이스라엘 민간인의 피해는 14명이 죽고 500명이 다쳤다.

6월 8일(4일)

전쟁의 승패가 명확해졌음에도 불구하고 이집트의 카이로 라디오에서는 오전 내내 여전히 거짓말이 흘러나오고 있었다.

"오늘 사막의 쥐, 모세 다얀은 할 말을 잃고 말았습니다. …시나이에 있는 우리 군은 그의 기갑여단을 잘게 짓이겨 불 지른 뒤 박살 내 버렸습니다."

한편 시나이 사막의 북부로 진격하던 이스라엘군의 탈 사단 주력부대는 수에즈 운하에 도착했다. 수에즈 운하를 방어하던 이집트 전차부대는 모래 언덕에서 포탑을 내놓고 이스라엘군에게 포격을 가하여 진격하던 이스라엘군 전차 5대를 격파하였지만 얼마 안 있어 수비하던 이집트군 전차 50대는 모두 파괴되었다.

지중해에서는 통신감청을 하던 미 해군 정찰선 리버티 호가 떠 있었다. 이 배에는 승무원과 언어학자, 통신기술자 등 294명이 타고 있었으며 성조기가 펄럭이고 있었다. 이들은 정찰 나온 이스라엘 전투기를 몇 번 본 적이 있어서 그들이 접근하는 것에 크게 개의치 않았다. 하지만 이날만은 달랐다. 오후 1시 50분 이스라엘 미라주 전투기 2대가 리버티 호에 천천히 접근했다. 그러다 갑자기 리버티 호에 포탄을 떨어뜨리고 기총사격을 가하기 시작했다. 얼마 안 있어 이스라엘 고속 어뢰정 3대도 다가와 어뢰 5발을 리버티 호를 향해 쐈다.

리버티 호는 크게 파괴되었고 34명이 죽고 172명이 부상을 당했다. 미국은 분노했고 지중해 전함을 이스라엘 쪽으로 접근시키며 이스라엘에게 그 진의를 물었다. 난감해진 이스라엘 수뇌부는 미국에 '단순한 실수'였다고 변명을 했지만 리버티 호에 쓰인 영어와 걸려있던 커다란 성조기를 보고도 리버티 호를 여러 차례 공격한 이유는 아직도 논쟁거리로 남아 있다.

저녁 시간에 이집트는 전날 통과된 유엔안보리 휴전결의안에 찬성했다. 이것이 그들에게는 최선의 선택이었다. 이스라엘과 이집트와의 전쟁은 끝났다. 이집트군의 사상자는 1만 1,500명으로 집계되었다. 절반은 전투 중 다치거나 죽었으며 나머지 절반은 사막에서 갈증과 더위를 못 이겨 죽었을 것으로 추정된다.

이집트와 요르단과의 전쟁이 끝나자 시리아 전선을 담당하고 있던 이스라엘 북부 사령관 다비드 엘라자르 장군은 몸이 근질근질했다. 남부군이 이집트를 상대로 큰 승리를 거두었으니 북부군도 시리아를 상대로 뭔가 일을 내고 싶었던 것이다.

전쟁 기간 내내 시리아는 이스라엘 국경 정착촌에 포격을 가했다. 이스라엘인 2명이 죽고 16명이 다쳤다. 그는 에슈콜 총리와 수뇌부에게 시리아를 치자고 강력히 제안했다. 사실 이스라엘인은 이집트나 요르단에 비해 시리아인을 더 경멸하고 증오하였다. 이집트는 아랍의 맹주였으며 따라서 두려운 존재이기도 했다. 요르단은 친소적인 이집트, 시리아와 달리 친서구적이었으며 팔레스타인인 문제만큼은 이스라엘과 이해관계를 같이 하며 정보를 공유하고 있었다. 반면 시리아는 항상 적대적이었으며 이스라엘과 크고 작은 분쟁을 일으켰다. 하지만 시리아의 뒤에는 강력한 우방 국가인 소련이 있었다.

모세 다얀은 시리아를 치는 것에 강하게 반대했다. 다마스쿠스가 위험하다면 소련이 움직일 것이 틀림없었다.

6월 9일(5일)

이집트 포로에 대한 최악의 학살이 벌어졌다. 이집트 포로가 포로수용소에서 소요를 일으키면서 이스라엘 병사 두 명이 숨지자 분노한 이스라엘 병사들은 이집트 및 팔레스타인 포로 900여 명을 향해 무차별적으로 발포해 학살했다. 전쟁 중에도 이집트군 포로에 대한 처형이 공공연히 이뤄졌다는 사실을 양심적인 이스라엘 군인은 진술하고 있다.

팔레스타인 거주지역인 요르단강 서안과 가자지구에서는 이스라엘군에 의해 약탈이 자행되었다. UN 구호단체의 물건도 예외는 아니었다. 일부 군인은 약탈을 자제시켰지만, 그것은 아주 예외적인 경우에 불과했다.

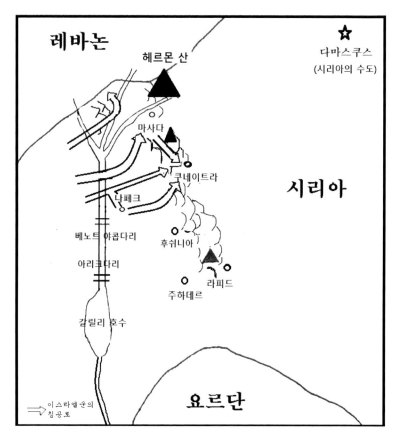

이스라엘군의 골란고원 침공

골란고원은 이스라엘 입장에서는 '눈엣가시' 같은 지역이었다. 이 지역에서 시리아군은 높은 고지대를 이용해 이스라엘군을 괴롭혔으며 이스라엘 정착촌을 향해 포격을 가하기도 하였다. 특히 골란고원에서 내려오는 물의 수원을 장악하고 그 물의 방향을 바꿈으로써 이스라엘 농업에 타격을 가하려고 시도하기도 하였다.

처음에 시리아를 침공하는 것에 반대한 모세 다얀은 부하의 성화에 못 이겨 제한된 공격을 가하는 데 동의했다. 골란고원만 탈취하는 것이었다. 이스라엘군은 곧바로 공격작전을 만들었다. 이스라엘군은 비교적 험준하지 않은 남부지역이나 시리아군의 방어 요충지인 쿠네이트라와 가장 단거리인 중부지역을 공격하지 않고 가장 경사도가 높고 험준하여 방어가 상대적으로 허술한 북쪽 루트를 통하여 시리아 방어선을 뚫기로 하였다. 이곳을 돌파한 후 적의 측면을 공격하며 전선을 확대한 후 시리아의 골란 방어도시인 쿠네이트라를 점령하기로 했다.

이른 아침 골라니 여단과 알버트 기갑여단이 국경선을 향해 돌진해 들어갔다. 갑작스러운 공격에 시리아군은 당황했지만, 그들은 절대적으로 유리한 위치에 있었다. 그들은 위에서 훤히 보이는 적을 향해 중화기를 퍼부어댔다. 이스라엘 공군은 공중에서 방어군에 네이팜탄[18]을 퍼부었다. 시리아 방어군이 폭격에 움츠러들었을 때 불도저 8대가 길을 만들었고 그 뒤로 전차와 병력이 천천히 뒤를 따르며 자갈과 현무암 지대를 조금씩 기어오르기 시작했다. 불도저 3대와 지휘관 그리고 상당수의 병력과 전차의 손실이 발생하였지만, 이스라엘군은 골란고원의 고지를 점령하는 데 성공하였다.

이스라엘군이 골란 북부지역을 돌파한 얼마 후 이스라엘군의 또 다른 부대가 중부지역을 돌파해 들어갔다. 시리아군은 다급한 나머지 통

---

[18] 반경 30m 주변으로 3,000℃의 고열을 내어 사람을 타죽게 하거나 질식시켜 죽인다. 현재는 비인도적이라 하여 사용이 금지되어 있다.

신 중 자신의 전차부대 위치를 말해버렸으며 감청으로 파악된 이 전차부대는 즉시 괴멸되었다.

저녁 7시 43분 이집트 카이로에서는 수척한 얼굴로 나세르가 TV에 나와 대국민 연설을 하기 시작했다. 아침부터 예고된 이 연설은 전쟁의 결과를 아직 정확히 모르는 이집트 국민과 아랍인이 흥분과 불안감이 뒤섞인 감정으로 지켜봤다.

"6월 5일 월요일 저녁, 적이 우리를 쳤습니다. 우리가 예상했던 것보다 강한 공격이었지만 적은 자신이 보유한 능력 이상을 보여줬다는 점 또한 분명히 해야 할 것입니다. 처음부터 적 뒤에는 다른 강대국이 있었다는 점은 분명합니다. 이들은 아랍 민족주의 운동에 대해 반감을 가진 나라였습니다.
우리 군은 사막에서 용맹하게 싸웠습니다. …적의 압도적인 우위 속에 제대로 된 공중지원도 없이 싸웠습니다. 어떠한 흥분이나 과장 없이 말하건대 적은 평소의 3배에 달하는 전력을 보여주고 있었습니다. …(중략)… 저는 국민 여러분이 저를 도와주셔야만 내릴 수 있는 결정을 내렸습니다. 저는 제가 가진 모든 정부 내 직책과 정치적 지위를 포기하고 대중 속으로 들어가 다른 모든 시민 여러분과 마찬가지로 제 의무를 다하겠습니다…"

그의 연설이 이렇게 끝났다. 그는 사임을 국민에게 알렸다. 하지만 그는 영국과 미국의 개입 때문에 졌다고 핑계를 댔다. 이스라엘군 단독 작전으로 이집트가 이렇게 붕괴된 것을 인정할 수 없었다. 나세르가 자신의 실패를 그러한 이유라도 대면서 합리화시키고자 했으나 그에게는 당연하게도 그의 주장을 뒷받침할 어떠한 증거도 제시할 수 없었다.

하지만 이집트 국민은 나세르의 사임을 반대하는 운동으로 반응하였다. 각지에서 나세르의 사임을 반대했다. 심지어 군부도 여전히 그를 지지했다. 국민은 자신의 군대가 얼마나 철저하게 패배했는지 몰랐고 군부는 그를 대체할 인물을 찾을 수 없었다. 나세르는 10년이 넘게 '아랍의 영웅'이며 '이집트의 아버지'였다.

나세르의 사임 발표는 시리아를 공황상태로 만들어 버렸다. 이젠 이스라엘군은 시리아를 향해 모든 전력을 쏟아부을 게 확실했다. 겁에 질린 시리아군 지휘부는 골란고원의 부대에게 쿠네이트라로 퇴각하라는 명령을 내렸다.

6월 10일(6일)

이스라엘군은 마사다를 점령하고 쿠네이트라 북쪽을 압박해 들어갔으며 다른 부대들도 시리아군의 저지선을 뚫고 쿠네이트라 남쪽과 서쪽으로 진격해 들어갔다. 오전 다마스쿠스 라디오는 침울한 어조로 쿠네이트라가 이스라엘군의 수중에 떨어졌다고 보도했다. 하지만 이것은 오보였다. 쿠네이트라는 여전히 시리아군이 통제하고 있었다. 하지만 라디오를 들은 시리아 방어군은 겁을 먹은 나머지 전차의 시동도 끄지 않고 도망가버렸다. 이스라엘군은 그들의 도망 속도를 따라잡을 수 없었다. 이스라엘군이 오후 2시경 쿠네이트라에 진입했다. 이스라엘군 지휘관은 다음과 같이 얘기했다.

"쿠네이트라 입구까지 사실상 어떠한 저항도 없이 도착했습니다. …우리 주변에 온통 전리품이 넘칩니다. 게다가 고장 난 것도 없습니다."

쿠네이트라는 함락되었고 골란고원 전체는 이스라엘군 수중에 들어 갔다.

6월 8일 시리아는 이집트의 패배가 확실해진 날 UN의 휴전결의안을 서둘러 받아들였었다. 하지만 이스라엘은 다음날 골란고원을 침공했다. 이스라엘은 시리아와 휴전할 생각이 추호도 없었다.

예상대로 골란고원이 함락되고 다마스쿠스가 위험해지자 소련이 움직였다. 소련은 직통 선으로 미국 존슨 대통령에게 메시지를 보내왔다. 이스라엘군이 진격을 멈추지 않으면 소련이 군사 행동을 취할 것이라는 경고였다. 이미 베트남 전쟁으로 골머리를 앓고 있었던 미국은 전쟁이 확대되는 것을 원치 않았다. 미국은 이탈리아 시칠리아섬 근처에 머물던 6함대에게 이스라엘 해역 가까이 접근하라는 명령을 내렸다. 항공모함 2대와 수많은 함선을 보유한 6함대는 곧바로 이스라엘 쪽으로 기수를 돌렸다. 리버티호 사건으로 미군은 이스라엘에 감정이 안 좋았다. 이스라엘은 이러한 압박에 못 이기는 척 휴전을 받아들였다. 시리아와의 전쟁도 끝났다.

전쟁에 대한 평가

서방에서는 6일 전쟁은 다윗과 골리앗의 싸움에서 다윗이 승리하였다고 평가한다. 이스라엘은 전격적으로 세 나라를 6일 만에 무참하게 짓밟았고 전쟁 전 영토의 3배에 이르는 영토를 획득하였다. 물론 이스라엘군의 철저한 준비와 성공적인 기습 전략, 잘 훈련되고 헌신적인 병사들의 존재가 이스라엘 승리의 원인이기는 했지만 사실 골리앗이 가진 취약점이 다윗의 승리를 가져다주었다고 봐야 한다. 다음은 이스라엘 장군과 이집트 장군이 전쟁 후 회고한 내용이다.

시나이 전투에서 이스라엘 사단을 이끌었던 아리엘 샤론 장군은 다음과 같이 말했다.

"나는 이집트 병사가 뛰어나다고 생각한다. 단순하고 무식하지만 강하고 규율이 잡혀있다. 대포를 잘 다뤘고 참호를 잘 팠으며 사격술도 좋았다. 하지만 그들을 지휘하는 장교는 쓰레기였다. 계획된 대로밖에 싸울 줄 몰랐다."

이집트군 예비역 소장 아메르 알리는 다음과 같이 말했다.

"아랍 지도자에게는 적을 무력화시킬 수 있는 끈기와 적극성이 결여돼 있었고 이러한 문제점은 모든 아랍 라디오 방송의 거짓으로 인해 악화되었다. 또한, 세상에 존재하는 가장 효과적인 무기 중 하나인 기습의 효과를 무시했다. 대신 스스로의 움직임을 선전했고 적이 이미 대비했을 재래

식 계획을 추진했으며 적의 이동을 파악하기 위해 외신과 정기간행물에 의존했다."

전쟁과 전쟁 사이

시나이반도를 잃은 이집트는 수에즈 운하의 외화 수입은 물론 관광 수입과 시나이의 석유 공급도 끊어져 극심한 경제 위기를 맞게 되었다.

나세르는 '국민의 뜻'에 따라 사임을 철회했다. 하지만 그의 권력과 인기는 예전 같지 못했다. 이젠 아무도 그가 '예루살렘을 해방시켜 줄 살라딘'이라고 생각하지 않았다. 나세르는 이스라엘에 복수하겠다고 공언했지만 아무도 그의 말을 진지하게 받아들이지 않았다. 그에게 그만한 군대도 없었다. 더욱이 공군은 거의 없다고 봐야 했다.

나세르는 대통령으로서 복귀했지만, 누군가는 전쟁 패배의 책임을 져야 했다. 나세르는 그 책임을 그의 친구이자 동지인 국방부 장관 아메르에게 돌렸다. 아메르는 해임되었다. 하지만 아메르는 자신이 여기서 물러나면 모든 책임을 자신이 뒤집어쓸 거로 생각했다. 정작 최고 결정권자인 나세르는 멀쩡했기 때문이다. 아메르는 즉각 거부했고 나세르에 도전했다. 더 큰 문제는 일부 군인이 아메르를 옹호했다. 국방부 장관에서 물러나길 거부하는 아메르는 자택에 머물러 있었고 그 주위를 그를 추종하는 200여 명의 무장한 장교가 보호하고 있었다. 나세르는 아메르를 제거하기 위해 '그답지 않은 방법을 쓰기로 했다.

8월 말 나세르는 아메르에게 화해의 손짓인 양 자신의 집으로 초대했다. 아메르는 나세르에게 어떻게 따질지 고민하며 자신의 자택을 나와 나세르의 집으로 이동했다. 그가 나세르의 집에 들어간 직후 그는 곧 체포되었다. 아메르의 집을 호위하던 군인들도 아메르의 체포 소식에 무기력하게 항복했다. 9월 비밀경찰 소유 별장에 갇힌 아메르가 독약을 먹고 자살했다는 소식이 들려왔다. 아메르의 가족은 나세르가 그를 죽인 거라고 주장했다.

8월 아랍 지도자들은 수단의 '하르툼에 모여 이스라엘에 대해 다음과 같이 선포하였다.

"승인도, 협상도, 평화도 없다."

1969년 3월 아침 이집트가 이스라엘 진영으로 포격을 시행하면서 일명 '소모전'이 시작되었다. 이스라엘은 특수부대를 침투시키고 전투기를 출격시켜 이집트를 폭격하였는데 이러한 보복전은 그 이듬해까지 계속되었다. 1970년 8월 미국의 중재로 6개월간의 휴전안이 발효되었다. 이 소모전을 통하여 이집트는 많은 인적, 물적 손실에도 불구하고 소련에서 새로 도입된 대공미사일 시스템을 시험해 볼 수 있었으며 이스라엘 공군에 대한 대처 방법을 습득하게 되었다. 반면 이스라엘은 계속된 소모전으로 피로감이 쌓여 있었으며 거기에 따른 인명 손실은 인구가 이집트보다 1/10에 불과한 이스라엘에게는 심각한 문제가 아닐 수 없었다.

그런데 누구도 예상하지 못한 일이 발생했다. 9월 28일에 요르단 후세인 왕이 팔레스타인인들을 탄압하고 학살한 문제로 카이로에서 아랍 정상회의가 열렸다. 나세르가 회의가 종료된 후 사우디 파이잘 국왕을 배웅하고 공항에서 돌아오는 길에 갑자기 심장마비가 왔고 그는 다시 일어서지 못한 것이다. 한때 '아랍의 영웅'이라 불렸던 이의 말로는 너무나 갑작스럽고 쓸쓸했다. 그는 '6월 전쟁'의 패배 이후 크게 낙담해 있었고 이스라엘에 대한 자신감을 완전히 잃어버렸다. 그것이 그의 삶을 앞당기는 원인 중 하나였을 것이라는 것은 그의 후임자였던 사다트의 말에서 유추할 수 있다.

"이집트의 방위 계획인 「방위 계획 200」은 아주 훌륭했다. 그러나 나세르가 내게 남긴 것은 그것뿐이어서 (이스라엘에 대한) 공격 계획은 어떤 것도 남겨 놓지 않았다."

나세르 사망 후 부통령이며 국회의장이었던 사다트가 집권하였다. 다행히 군부의 쿠데타나 정치적 혼란은 없었다. 사다트는 나세르와 비교하면 국민적 인기나 주변을 휘어잡는 통솔력은 없었지만, 나세르와 달리 매우 신중하고 전략적인 사람이었으며 현실적인 사람이었다. 또한, 그는 친서방적이고 온건한 성향이었으며 그동안 소련에 의존하는 외교 노선에 불만을 품고 있었다.

그는 일단 이집트 정치권에서 친소파를 제거하였으며 곧이어 1971년 초 이스라엘에 평화안을 제시했다. 내용은 이집트는 이스라엘과 평화조약을 맺음으로써 적대 행위를 끝내고 대신에 이스라엘군은 수에즈 운하 동쪽 32㎞ 지점으로 이동하여 이집트가 수에즈 운하 전체를 정상적으로 통제하고 운하 연안의 마을을 재건할 수 있도록 하는 것이었다. 그의 제안은 당시 상황으로서 가장 이상적인 평화안이었으나 이스라엘은 자신이 '6일 전쟁' 당시 얻은 '젖과 꿀이 흐르는 땅'을 조금도 양보할 생각이 없었다.

결국, 사다트의 평화안은 쓰레기통에 버려졌고 사다트는 새로운 대안을 생각해야 했다. 나세르 사망 후 그에게 주어진 정치적 과제는 6월 전쟁 중 잃어버린 영토 회복이었고 그것을 위한 외교적 노력은 실패로 끝났다. 그는 내키지 않았지만, 또 다른 대안인 전쟁으로 그 과제를 달성하기로 마음먹었다. 사다트는 과거 자만심에 빠져 허세를 부리던 나세르가 아니었다. 그는 현실주의자였고 치밀한 성격의 소유자였다. 이집트의 전쟁 준비는 치열했다.

시리아에서는 6월 전쟁이 끝나자 다시 내부 권력투쟁에 들어갔다. 그리고 1970년 6월 전쟁 당시 국방부 장관이며 공군참모총장이었던 하페즈 알 아사드[19]가 알 아타시 대통령을 쿠데타로 제압하고 집권하였다. 그는 1971년 99.2%라는 압도적인 지지하에 대통령에 당선되었다.

---

19 현 시리아 대통령 바샤르 알 아사드의 아버지이다. 1970년 쿠데타로 집권하여 2000년 6월 69세의 나이로 사망하기까지 30년간 집권하였다. '아사드'는 아랍어로 '사자'란 뜻이다.

(좌) 사다트 (우) 알 아사드

미국은 '6일 전쟁' 이후 아랍과 이스라엘 사이에서 누구의 편에 서야 자신에게 이득이 되는지 확실히 알게 되었다. 미국은 공공연히 이스라엘 편에 서기 시작했다. 물론 석유가 나는 아랍국가는 여전히 전략적으로 중요했으므로 '중립적'인 제스처는 계속 유지했다.

이스라엘은 완전히 장악한 예루살렘을 수도로 선포하였다. 하지만 미국과 유럽을 포함한 대부분의 나라는 이스라엘의 수도 예루살렘을 인정하지 않았고 대사관을 텔아비브에 그대로 두었다.

이스라엘은 영토가 크게 확대되면서 요르단강 서안과 가자를 얻었고 동시에 수많은 팔레스타인인을 이스라엘 영토 내에 수용하게 되었다. 이에 이스라엘은 버스와 트럭을 이용하여 주민을 강제로 요르단강과 수에즈로 이동시켰고 점령된 마을을 돌며 자발적으로 집을 떠나라고 부추겼으며 여성과 노인에 대한 모욕, 남성 민간인에 대한 감금, 총격 등을 통해 거주지를 떠나게 하였다. 40만 이상의 팔레스타인인이 요르단을 중심으로 레바논, 이집트로 탈출하여 난민으로 전락했지만, 아직도 그곳에는 수십만의 팔레스타인인이 있었다. 이젠 팔레스타인 문제는 외부의 문제가 아니라 내부의 문제가 되었다. 수많은 테러와 갈등이 내부에서 분출하였다.

내부의 팔레스타인 문제와 관련하여 레우벤 리블린[20]이스라엘 국회의
장은 다음과 같이 말했다.

"헤엄을 치지 못하는 전갈이 거북이에게 강 건너편까지 태워달라고 했
다. 거북이가 '나를 죽일 것이 뻔한데' 하고 망설였다. 전갈은 '은혜를 입으
면서 그런 짓을 하겠느냐'고 애원했다. 그래서 거북이는 전갈을 업고 강
을 헤엄쳐 가고 있었다. 하지만 강 한가운데 이르자 전갈은 독침으로 거
북의 목을 찔렀다. 거북이가 죽어가면서 '우리 둘 다 죽게 되는데 왜 그랬
냐?'라고 물었다. 전갈이 대답했다. '나는 원래 천성이 그래.' 이스라엘은
거북이 신세가 되고 싶지 않다. 팔레스타인인의 천성은 이스라엘의 멸망
을 위하여 전갈의 독침을 세우고 있으므로 팔레스타인인과의 공존이란
있을 수 없다."

---

20 2009년 이스라엘 우파 리쿠드당 국회의원에 당선되었으며 이스라엘 국회의장을 지냈다.
   2014년에는 이스라엘 대통령으로 당선되었다.

5장

제4차 중동전쟁(1973)
– 욤 키푸르 전쟁

전쟁 준비

	이집트	시리아	이스라엘
대통령, 총리	안와르 사다트	하페즈 알 아사드	골다 메이어 총리
국방부 장관	아메드 이스마일 알리	무스타파 틀라스	모세 다얀
참모총장	알 샤즐리	유세프 차쿠르	엘라자르

욤 키푸르 전쟁 당시 각국의 지휘관

　1973년 1월 이집트와 시리아는 공격 기본계획을 확정하였다. 이에 시리아는 1972년 10월부터 진행된 이스라엘 북부군에 대한 도발을 멈추고 이스라엘군에게 잠깐의 평화를 안겨주기로 했다.

당시 6일 전쟁으로 괴멸된 이집트와 시리아의 공군력은 소련의 전폭적인 지원으로 어느 정도 회복되어서 이집트와 시리아의 총 항공기 대수는 950대에 이르렀다. 이는 이스라엘보다 거의 2배에 가까웠지만, 실제 전투 능력은 조종사 능력과 항공기 성능[21]으로 인해 이스라엘 공군에 비하면 열세로 평가되었다. 따라서 이스라엘은 시리아와 이집트의 공군력이 열세인 이상 이스라엘에 대한 전면적 도발은 불가능하다고 판단하고 있었다.

시리아와 이집트도 알제리, 리비아, 북한[22], 이라크로부터 전투기 조종사와 전투기의 지원을 받았음에도 불구하고 자신이 여전히 이스라엘 공군보다 열세라는 것을 인정하고 있었다. 그래서 그들은 새로운 전술의 도입 필요성을 느꼈고 실행에 옮겼다. 그것은 공중전으로 이스라

SA-6 미사일
이집트와 시리아가 소련으로부터 받아 운용하였다.

엘 공군에 타격을 가하는 것이 아니라 지상에서 전투기를 격추하는 것이었다. 이에 육상에서 전투기를 공격하는 대공미사일인 소련제 이동식 대공미사일(SA-2, SA-3, SA-6 미사일)을 대거 들여오기 시작했고 소련의 장

---

21 아랍의 주력기는 소련제 미그-21이고 이스라엘은 미국제 F-4 팬텀기와 A-4 스카이호크였다. 특히 F-4 팬텀기는 최신형 기종이며 성능이 미그기를 압도했다. 이 기종은 특히 베트남 전쟁 때 그 위력을 발휘했으며 한국에서도 F-16이 도입되기 전까지는 한국 공군의 주력 기종이었다.

22 이스라엘의 정보당국과 이집트군 참모총장 알 샤즐리의 증언에 의하면 20~30명의 조종사가 북한에서 파견되었다고 한다.

교에게서 그 운용 방법을 배우기로 했다. 이러한 새로운 전술은 이후 전쟁이 진행되면서 안이함에 빠진 이스라엘 공군에게는 재앙과 같은 결과를 가져왔다.

그리고 6일 전쟁 당시 위력을 떨쳤던 이스라엘 기갑전력에 대항하기 위해 전차를 대거 소련으로부터 들여왔다. 보병에게는 60년대 초 소련에서 개발한 휴대용 새거(AT-3 Sagger) 미사일과 RPG-7 대전차포를 지급하여 이스라엘 기갑전력의 괴멸을 위한 만반의 준비를 했다. 이 두 무기가 보병에게 지급되면서 전차와 전차 간의 전투만 염두에 두고 훈련했던 이스라엘 전차부대는 공중에서 이스라엘 공군이 받아야 했던 엄청난 피해를 육상에서도 똑같이 경험하게 될 것이었다.

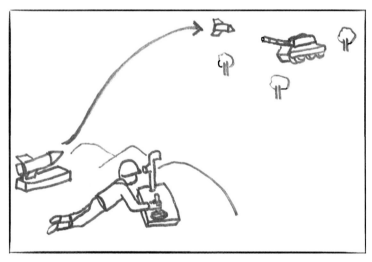

새거(AT-3 Sagger) 미사일

평소 이동할 때 배낭처럼 메고 다니다가 전차를 발견하면 그림과 같이 발사했다. 미사일이 발사되면 조종기(조이스틱처럼 생겼다)를 가지고 발사된 미사일을 조종해 전차를 명중시켰다. 유효사거리가 3㎞에 달해 공격받는 전차에서는 은폐하고 있는 보병을 발견하기가 쉽지 않았고 적의 공격을 미처 인지하지 못하고 격파되었다.

RPG-7 발사 모습

어깨에 메고 발사하는 소련에서 개발한 대전차포이다. 미국의 바추카포에 상응한다. 가볍고 경제
적이라 현재에도 정규군뿐 아니라 여러 비정규군(게릴라나 저항군)에서도 광범위하게 사용되고 있는
대전차무기이다. 뒤에서 나오는 엄청난 후폭풍은 유일한 단점으로 지적된다.

소련은 엄청난 전쟁 물자와 함께 고문단과 기술자를 파견하여 이집트
와 시리아의 전쟁 준비를 도왔다. 그러나 소련의 한 고위 관리가 '소련이
아랍에 아무리 최신 무기를 제공해 보았자 곧 이스라엘에 빼앗겨 버릴
것이므로 제공을 하면 안된다'고 주장한 것이 사다트의 귀에 들어가면
서 사다트의 소련에 대한 불신을 키웠다.

사우디아라비아, 알제리, 리비아, 모로코, 수단, 이라크도 '무슬림의 명
예 회복 전쟁'에 병력과 전투기 지원을 약속하였다.

모든 대내외적 전쟁 준비는 마무리가 되었다.

8월 말 전쟁 개시 날로 이집트의 사다트와 시리아의 아사드는 10월
6일을 Y-DAY(Y는 아랍어와 히브리어 모두에서 '날'을 뜻하는 Yom에서 나왔다)

로 정했다. 라마단의 열 번째 날인 10월 6일은 서기 624년에 예언자 무함마드가 바드르(Badr)에서 거둔 승리[23]를 기념하는 날로, 이집트와 시리아는 군사행동 단계에 '바드르(Badr)'라는 암호명을 붙였다. 반면 이스라엘에 10월 6일은 욤 키푸르의 날[24]이었다. 아랍은 '10월 전쟁'이라 부르고 이스라엘은 '욤 키푸르 전쟁'이라 부르는 전쟁은 이렇게 시작되었다.

공격 개시 시간으로 이집트는 늦은 오후를 원한 데 비해 시리아는 이른 아침을 원했다. 양쪽 모두 태양을 등진 상태에서 공격하기를 원했다. 10월 2일 이집트의 국방장관 이스마일 장군이 다마스쿠스를 방문하여 협상한 결과 서로 한 발짝씩 물러나 공격 개시 시간을 오후 2시로 결정했다.

이집트와 시리아의 목표는 6월 전쟁 당시 잃었던 시나이반도와 골란고원을 이스라엘로부터 빠른 시간 안에 다시 회복하는 것이었다. 왜냐하면, 이스라엘의 예비 동원병력이 가동되기 전에 모두 완수되어야 했기 때문이다. 이후에는 UN과 미국, 소련이 개입할 것이고 마지못해 이스라엘과 휴전협정을 맺으면 될 일이었다. 시리아 대통령 아사드는 전쟁 시작 전에 소련의 중재를 요청했다. 이스라엘군의 동원병력이 본격적으로 투입되는 전쟁 개시 후 2~3일 동안 영토 회복은 어느 정도 이뤄져야 했다.

---

23 메카에서 추방당한 무함마드가 메디나의 군대를 이끌고 바드르에서 자신보다 3배나 많은 메카의 군대를 격파한 사건으로 이슬람의 금식일인 라마단 시기는 이 승리의 날에 맞춰 시행한다.

24 유대 달력으로 새해의 열 번째 되는 날로 유대교의 명절이다. 모든 유대인은 이날 금식하며 하나님께 죄를 회개하고 용서를 구한다.

이집트와 시리아의 속임수

9월 13일 시리아의 라타키아 상공에서 시리아 MIG-21 전투기가 소련 선박의 무기 인도를 촬영하던 이스라엘 공군의 F-4 팬텀과 미라주 Ⅲ 전투기를 요격하기 위해 긴급 발진했고 공중전이 발생했다. 이 전투에서 시리아 공군은 전투기 13대를 잃었으나 이스라엘 전투기의 피해는 1대였으며 그것도 조종사가 안전하게 구조되었다. 하지만 이 전투는 시리아가 골란으로 군대를 이동시킬 수 있는 적당한 구실을 만들어 주었다.

시리아는 10월 4일 다마스쿠스 라디오에서 아사드가 10월 10일부터 시리아 동부지방 순방에 나선다는 거짓 내용을 방송했다. 그리고 두 나라 신문은 아사드와 사다트의 관계가 틀어졌다고 보도했다. 또한, 시리아의 게릴라 요원 2명이 오스트리아에서 열차를 납치해 유대인 몇 명을 인질로 삼으면서 이스라엘의 관심을 해외로 돌렸다.

이집트는 연례 기동훈련을 구실로 수에즈 운하로 병력을 집결시켰으며, 동시에 미국 및 UN 관리와 다양한 평화안을 둘러싸고 대화를 계속했다. 심지어 1972년 여름에는 1만 5,000명에 달하는 소련 군사고문단과 소련인을 본국으로 돌려보내면서 서방에 우호적인 신호를 보여주었고[25] 결국, 1973년 6월에는 프랑스, 영국, 서독과 국교를 회복하였다.

이스라엘을 속이기 위한 이러한 속임 전술은 자신의 군대에도 예외는 아니었다. 이집트와 시리아의 군대 상당수는 공세가 시작되기 수 분 전에야 전쟁이 시작됨을 알았다. 전쟁 중 포로가 된 이집트군 대령은 자신

---

25 소련은 즉각 이 조치에 반발했다. 사다트는 이집트가 여전히 소련에 우호적임을 알려야 했기에 소련 해군이 이집트의 항구를 사용할 수 있는 기한을 늘려주었다. 그리고 얼마 지나지 않아 수백 명의 소련인이 다시 이집트로 돌아와 이집트의 전쟁 준비를 도왔다.

의 상관이 10월 6일 오후 1시 30분에야 개전 사실을 알렸다고 털어놓았다. 불과 전쟁 개시 30분 전이었다. 시리아도 전쟁 당일 아침에야 대대장에게 공격 개시 시간이 알려졌고 중대장에게는 두 시간 전, 소대장에게는 불과 한 시간 전에 통보가 되었다.

이집트는 소련에조차 10월 3일이 돼서야 전쟁이 시작됨을 알렸고 시리아는 다음 날인 4일에 소련에 통보하였다. 깜짝 놀란 소련은 이집트와 시리아에서 자국민을 철수시키기 위해 부랴부랴 수송기를 이집트와 시리아로 보내야 했다. 이스라엘 정보당국은 이 사실을 파악하고 골다 메이어 총리에게 전달했으나 골다 메이어 총리는 단순히 아랍인과 소련인 사이가 나빠진 것이라고 해석했다.

수에즈 전선에서의 이스라엘

1970년 이집트와의 '소모전'[26]이 끝난 이후에도 이집트는 수에즈 운하 일대에서 긴장을 유발하는 일을 반복했다. 이집트군은 수에즈 운하 일대에서 집결과 해산을 반복했으며 이스라엘은 이러한 이집트의 반복적이고 무의미한 군사행동에 무감각해지기 시작했다. 또한, 사다트는 1971년부터 매년 그해 전쟁을 일으킬 것이라는 메시지를 이스라엘에 보냈고 해마다 그러한 일은 일어나지 않았기 때문에 이스라엘은 또 다른 '허풍쟁이'가 이집트를 통치하고 있다고 믿게 되었다. 이러한 결과 이스라엘

---

26 간헐적인 군사적 충돌로 주로 이집트가 도발하는 형태였으며 지속적인 인명, 물적 피해를 양쪽에 입혔다.

정보당국에 의해 전쟁 개시의 위험성에 대한 첩보가 이스라엘 수뇌부에 여러 차례 전달되었음에도 무시되기 일쑤였다. 전쟁 이후 이스라엘 모세 다얀 국방장관은 이집트군의 이상징후에 왜 총동원령을 내리지 않았는지에 질문을 받았다. 그는 다음과 같이 답했다.

> "사다트는 내게 그전에도 두 번(5월, 8월)이나 총동원령을 내리게 했다. 그때마다. (국방비) 1천만 달러를 허비해야만 했다. 그래서 세 번째는 이젠 저놈은 진짜가 아니라고 생각한 것이다. 그런데 나는 사다트의 트릭에 걸리고 만 것이다."

골란에서의 이스라엘

이스라엘은 비록 전쟁이 벌어진다고 하더라도 자신감이 충만한 무적의 이스라엘군이 허약한 아랍 군대의 진격을 압도적인 공군력[27]을 바탕으로 막을 수 있다고 굳게 믿었다. 그리고 최전선에서 2~3일 정도만 버티면 후방의 동원된 예비 병력이 천천히 적을 밀어내면 된다는 방어 전술을 갖고 있었다.

이러한 방어 전술개념은 이스라엘이 군이 경제적 부담이 큰 대규모의 병력을 최전선에 배치해놓아야 하는 필요성을 못 느끼게 하였다. 그래서 골란고원에서의 북부 방어군은 보병으로 구성된 골라니 여단과 벤 쇼함 대령이 지휘하는 전차부대인 바락여단으로만 구성되었고 이들만

---

27 이 당시 이스라엘 공군은 이스라엘 국방 예산의 52%를 배정받았다.

이 중립지대인 퍼플라인을 지키고 있을 뿐이었다. 퍼플라인은 6일 전쟁 후 UN에 의해 설치된 비무장지대이며 UN 감시소의 지도에 보라색으로 표시된 데서 이름이 유래하였다. 너비가 500m가 안 되는 좁은 중립지대로 순찰은 이 구역 안에 세워진 16개 UN 감시소의 요원이 맡았다.

1973년 9월 골란고원의 이스라엘군은 헤르몬산의 관측소를 통해 얻은 정보로 퍼플라인 동쪽에서 시리아군이 대규모로 증강되고 있다는 것을 알았으나 이를 매년 이루어지는 훈련으로 인식하고 큰 위기감을 가지지 않았다. 물론 이러한 인식에는 시리아 단독으로 전쟁을 할 수 없다는 기본 전제가 깔려 있었고 전쟁을 주도할 아랍의 맹주[28] 이집트는 현재 전쟁을 할 수 있을 만큼 회복되지 못했다는 생각이 있었다.

그럼에도 의례적인 경계 태세가 필요해지자 이스라엘 국방장관 모세 다얀은 이집트군의 연례 군사 훈련과 시리아군의 증강에 맞서서 9월 26일에 남부 및 북부 전선에 경계령을 내렸고 함께 온 신문사 대표와 텔레비전 방송단과의 인터뷰에서 시리아에 대한 경고 메시지를 보냈다. 더불어 원래 이집트군 방어를 위해 시나이 사막에 주둔하고 있던 7기갑여단의 4개 대대 중 카할라니 중령이 이끄는 1개 기갑 대대를 골란고원 나페크 기지 인근으로 이동시켜 반격부대로 활용될 수 있도록 조치하였다. 그리고 수천 발의 대인지뢰와 대전차지뢰를 방어선에 추가 매설하도록 명령하였다. 이집트의 공격로인 남부 전선은 운하와 이스라엘 도시 간에 넓은 시나이 사막이라는 완충 공간이 있었지만, 시리아가 목표로 하고 있는 골란고원이 점령된다면 바로 이스라엘 도시가 위협을 받기 때

---

28 2017. 07월 기준 이집트의 인구는 9,700만이고 시리아는 1,800만이며 이스라엘은 820만이다. 인구만으로 봤을 때 이스라엘이 시리아보다는 이집트를 더 두려워하는 이유를 알 수 있다.

문에 북부 전선 방어를 좀 더 강화하는 차원이었다.

9월 26일 7기갑여단에서 골란 방어를 위해 차출된 대대를 이끌던 카할라니 중령은 명령에 따라 소속 장교와 부랴부랴 골란 전선에 도착했다. 카할라니 중령은 그 지역 방어 책임을 맡고 있던 벤 쇼함 대령에게 증강되고 있는 시리아군의 의도를 어떻게 생각하는지 넌지시 물어봤다. 벤 쇼함 대령은 다음과 대답했다.

"폭격을 가하거나 휴전선상의 우리 요새 진지를 점령할 것으로 예상하는데 일부에서는 시리아군이 지난번 6일 전쟁에서 잃었던 골란 지역 회복을 시도할 것으로 판단하고 있네."

1개 기갑 대대의 증강에도 불구하고 북부 전선을 담당하고 있던 호피 장군과 그의 부하 에이탄 준장은 시리아군의 계속된 병력 증강에 불안해지기 시작했다. 마침 모세 다얀 국방장관이 북부 전선을 방문하자 그들은 1개 기갑 대대 이상의 병력 증강을 요구하였고 모세 다얀 장군은 마지못해 남부 전선에 있던 7기갑여단 전체를 북부로 이동하여 최전선 바라크여단 뒤에서 반격부대로 활용하게 하고 포병 전력도 강화해주기로 약속하였다. 하지만 6일 전쟁 시 시나이 진격전을 펼쳤던 7기갑여단은 이집트군과 사막전에 대비해 훈련해 왔기 때문에 거친 현무암 지대로 구성된 산악지대는 매우 생소할 수밖에 없었고 실제 전투에서도 그 능력이 의문부호로 남을 수밖에 없었다. 하지만 전투력이 의심스러운 이 7기갑여단에 의해서 북부 전선의 운명이 바뀌게 될지는 아무도 예상하지 못했다.

10월 5일은 욤 키푸르의 전날이었지만 이스라엘군은 최고 경계 태세를 갖추고 대비를 하였다. 하지만 병력 증강을 요구했던 북부군 사령관 호피조차도 시리아와의 짧은 국지전 정도로 생각했지 이집트와 시리아의 동시 전면전이 벌어질 것이라고는 생각하지 못했고 더욱이 이 공격으로 이스라엘이 받을 피해는 더더욱 예상을 못 했다.

7기갑여단이 시나이 사막 주둔지에서 골란으로 이동하기 시작하였다. 전쟁 개시 불과 하루 전이었다. 7기갑여단 전체가 골란고원으로 이동하게 되면서 골란으로 가는 좁은 길은 이동하는 병력과 보급 트럭으로 가득해졌다. 7기갑여단은 도착하자마자 예비대로서 북부사령부 나페크 주변에 소속 대대가 분산 배치되었다.

골란고원 전투

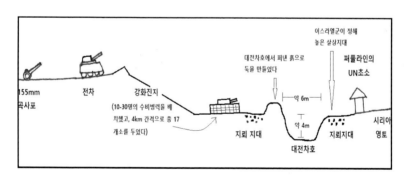

골란고원에서의 이스라엘군의 방어

이스라엘의 방어는 지뢰와 철조망으로 둘러싸인 강화 진지를 중심으로 방어하였고 각 강화 진지 뒤에는 1개 소대(보통 3대)의 전차를 배치하였다. 특히 대전차호 앞으로는 살상지대라 하여 시리아 전차를 파괴하는 지점으로 삼았다. 따라서 이스라엘 전차와 포병은 집중적으로 이곳을 포격할 수 있도록 훈련을 하였고 그 훈련은 골란전투에서 위력을 발휘하였다.

10월 6일(토요일)~10월 7일 새벽(일요일)

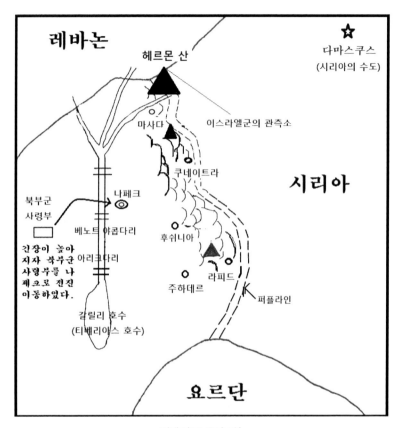

레바논

헤르몬 산

다마스쿠스
(시리아의 수도)

마사다

이스라엘군의 관측소

쿠네이트라

시리아

북부군
사령부

나페크

베노트 야콥다리

후쉬니아

긴장이 높아
지자 북부군
사령부를 나
페크로 전진
이동하였다.

아리크다리

라피드

주하데르

퍼플라인

갈릴리 호수
(티베리아스 호수)

요르단

전쟁 전(前) 골란고원

　이스라엘군 총사령부는 텔아비브로 북부 사령관 호피를 불러들였다. 호피는 이날 시리아군이 공격해 올 것으로 예상된다고 사령부에 보고했다. 엘라자르 참모총장은 이에 이스라엘 수뇌부에 시리아에 대한 제한적 선제공격을 허용해 줄 것을 건의하였다. 하지만 이것은 허용되지 않았다. 지금까지 2, 3차 중동전쟁을 통해 이스라엘은 '도발국가' 혹은 '침략국가'였기 때문에 국제여론이 너무 안 좋았다. 이번에도 이스라엘이 선제공격한다면 어떠한 국제적 지원도 기대할 수 없었다. 이번 전쟁은 그들이 초기에 '피해자'가 돼야 했으며 시리아군의 도발은 충분히 이스라엘군이 격퇴할 수 있을 것이었다.

욤 키푸르 당일 이스라엘 병사는 자신의 진지에서 조용히 자신의 죄를 뉘우치고 용서받는 의식을 행하였다. 북부군 총사령관 호피 준장은 아침 10시에 나페크로 휘하의 장교를 불러 모았다. 보병부대인 골라니 여단과 최전선 부대인 바락여단 그리고 새롭게 반격부대로 배속된 벤갈 대령의 7기갑여단의 지휘관은 나페크에 모여들었고 그들은 시리아군이 오후 6시에 도발할 것 같다는 내용을 전달받았다.

이스라엘 북부군은 전차 약 177대, 보병 약 1,300여 명, 곡사포 44문으로 구성되어 있었고 시리아군은 최신식 소련제 탱크 T-62를 포함한 전차 약 1,500대[29], 보병 6만, 곡사포 800문이었으며 350대의 전투기 지원을 받을 예정이었다. 두 진영의 목숨을 건 전투는 한쪽은 엄청난 물량을 기반으로 지뢰밭과 웅덩이와 비탈길을 진격해야 했고 또 다른 한쪽은 소수의 인원으로 지형적 유리함을 이용하여 막아야 했다.

오후 1시 45분 헤르몬산[30]의 관측병은 시리아 병사가 퍼플라인을 겨누고 있는 야포의 위장막을 거두는 것을 보았다. 그와 동시에 관측기지로 포탄이 날아오기 시작했다. 10분 뒤, 전(全) 전선에 걸쳐 포탄이 쏟아지기 시작했다. 이집트 전선에서도 50분 동안 이어진 포격과 함께 이집

---

29 최신형 T-62 전차 600대, T-54/55 770대, T-34 200대 그 외 전차 80대 정도를 보유하고 있었고 T-62와 T-54/55 전차를 공격용으로 활용하였다.

30 골란고원 위에 우뚝 솟아 있는 해발 고도 2,814m 산이다. 정상은 만년설로 덮여 있고 그 눈이 녹아 요르단강의 수원(水原)을 형성한다. 이스라엘의 유일한 스키장이 있다고 한다. 욤 키푸르 전쟁 당시 관측장소로서 전략적으로 매우 중요한 곳이었다.

트군이 수에즈 운하를 도하했고 더불어 공중 공격이 시작되었다. 이 시간 나페크에서는 7기갑여단의 지휘관이 때마침 오후 2시에 예정된 지휘관 회의를 위해 모여 있었는데 엄청난 굉음과 함께 미그기가 그들의 머리 위로 갑자기 날아와 폭격을 가하자 큰 혼란에 빠졌다.

카할라니 중령은 당시 상황을 이렇게 회고했다.

"웬 전투기가 보이길래 뭐 하는 건가 했죠. 아군의 오인 공습인 줄 알았어요. 시리아 공군일 줄은 상상도 못 했어요. 순간 할 말을 잃었죠."

지휘관들은 부랴부랴 자신의 부대를 이끌고 퍼플라인 쪽으로 이동하였다. 원래 예비대 역할이었던 벤 갈 대령의 7기갑여단은 역할이 바뀌어 적의 주공이 펼쳐질 것으로 예상되는 쿠네이트라 북쪽의 방어를 담당하기로 하고 쿠네이트라 남부는 벤 쇼함 대령이 이끄는 바락여단이 맡기로 하였다.

7기갑여단장 벤 갈 대령은 기존 북부를 방어하고 있던 바락여단 1개 대대를 자신의 휘하에 두는 대신에 1개 대대를 남부의 바락여단으로 보냈다. 그는 급조된 요스 중령의 1개 대대를 포함해 3개 대대[31]를 이끌고 북부 전선으로 이동하였다. 벤갈의 지휘를 받는 카할라니 중령도 자신의 대대를 이끌고 북부 방어 전선으로 이동하였다. 7기갑여단은 쿠네이

---

31 여단을 구성하는 대대는 3~4개로 상황에 따라 재편되었기 때문에 일정하지 않았다. 1개 대대는 4~5개의 중대를 가지고 있었다. 1개 중대에는 8~10대의 전차가 배치되어 있었으며 중대를 구성하고 있는 1개 소대는 3대의 전차로 구성되어 있었다. 이스라엘은 전투 상황에 따라 부대를 그때그때 재편하는 유연성을 가지고 있었다.

트라 이북을 방어하고 있던 바락여단의 1개 대대[32]를 관할하에 두면서 총 100여 대의 전차로 방어 임무를 시작하였다.

한편 전쟁이 시작되자 골란고원 방어 임무를 맡고 있던 바락여단의 이스라엘 센츄리온 전차는 재빨리 전차엄폐호[33]로 들어가 퍼플라인을 넘어 새까맣게 몰려오는 시리아군 전차와 보병을 태운 장갑차량과 교전을 하기 시작하였다.

골란으로 향하고 있는 센츄리온 전차

2차 세계대전이 거의 끝날 때쯤 생산된 영국제 전차이다. 이스라엘은 포신을 83.6㎜에서 105㎜로 바꾸고 엔진을 650마력 가솔린에서 750마력 디젤로 바꾼 센츄리온-일명 '쇼트' 전차-을 골란 방어전선에 투입했는데 이 전차는 기동성은 떨어졌지만, 현무암 성분의 거친 돌로 이루어진 골란고원에서 주행 시 충격을 완화해주는 현수장치가 튼튼했고 특히 높은 고지대에서 저각 사격이 가능한 장점이 있었다.

---

32 야이르 나프시 중령이 이끄는 제4전차대대이다.

33 전차 주변에 흙이나 모래주머니를 둘러싸 포신만 상대방이 간신히 보일 수 있도록 해서 전차의 몸체를 보호하는 동시에 은폐하는 효과를 가진다.

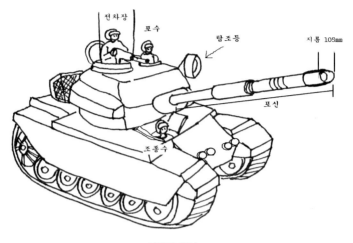

전차의 운영

전차의 공격력은 포신과 포 구경에서 나오는데 포신이 긴 강선포의 경우 회전을 더 많이 줄 수 있어 포탄의 관통력을 높일 수 있고 포 구경은 크면 클수록 더 큰 포탄을 쓸 수 있어서 폭발력을 높일 수 있다. 전차에는 전차장, 포수, 탄약수, 조종수 4명-최근의 전차는 자동화로 탄약수가 사라지면서 3명이 탑승하는 것이 일반적이다-이 탑승하였다. 이스라엘은 6일 전쟁에서 많은 전차원이 화상으로 피해를 보자 이후 승무원복을 교체하여 피격되었을 시 발생할 화상에 대비해 불연소 전차복을 착용했는데 이러한 변화는 이후 전쟁에서 많은 전차병의 목숨을 구할 수 있었다. 다만 위아래가 연결되어있어 입고 벗기가 불편한 면은 있었다. 반면 시리아군은 일반적인 전투복을 착용하여 화재에 취약하였다.

시리아군이 퍼플라인의 UN군 초소를 우회하여 진격하였기 때문에 UN군은 멍하니 그 진격을 구경만 할 수밖에 없었다. 특히 이스라엘군의 강화 진지 사이로 시리아군이 진격했기 때문에 많은 강화 진지는 자연스럽게 고립되었으며 시리아군의 진격을 지연시킨다는 본래의 기능을 상실했다.

시리아군은 UN군 초소와 이스라엘군 진지를 우회하여 불필요한 전투 없이 빠르게 골란고원으로 진격할 수 있었다. 시리아군의 선두에는 지뢰 파괴용 롤러를 장착한 지뢰지대 개척용 전차와 가교 전차가 앞장

섰고 그 뒤로 T-54/55 전차와 대전차 자주포, 그리고 새거 및 RPG-7 로
켓 발사기로 무장하고 소련에서 최신 개발한 보병전투차량(BMP-1)에 탄
보병이 그 뒤를 따랐다.

BMP-1(보병전투차량)

전차와 함께 전진하며 따라다니는 보병은 항상 총과 포탄의 위험에 노출되어 있었다. 이에 만들어
진 것이 보병전투차량이다. 소련에서 만들어진 BMP-1은 승무원 3명과 함께 뒤쪽 공간을 활용해 보
병 8명을 실어 진격할 수 있었는데 기존의 보병 수송수단에서 벗어나 73㎜ 저압포와 더불어 새거
미사일도 장착하여 전차도 파괴할 수 있는 화력도 갖춰 현대적인 보병전투차량의 선구라고 평가받
는다. 욤 키푸르 전쟁에서 처음 등장했으며 이후 보병전투차량의 모범이 되었다.

이스라엘 전차병은 전차엄폐호 진지에 들어가 고지대에서 아래를 내
려다보며 이스라엘 방어 지뢰지대를 뚫고자 하는 시리아 전차를 집중적
으로 포격했으며 특히 시리아군의 공병 장비에 주의를 기울여 지뢰 제
거 전차 및 가교 전차를 우선하여 파괴하였다.

지뢰제거 전차

T-34 전차를 활용한 소련제 지뢰제거 전차 PT-34. 욤 키푸르 전쟁 시 시리아군은 T-55 몸체를 활용한 PT-55를 활용하였다.

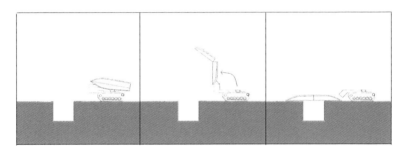

가교 전차의 운용 방식

엄청난 포격과 공중 폭격 속의 혼란한 상황에서도 이스라엘 전차병은 사격훈련이 잘되어 있었기 때문에 원거리에서 정확히 시리아 전차를 명중시킬 수 있었다. 반면 시리아 전차병은 사거리가 짧은 T-54/55의 포로는 고지대의 엄폐호에 숨어있는 이스라엘 전차를 맞출 수가 없었다. 결국, 살상지대에 진입한 시리아 전차는 2,000m 혹은 그 이상의 거리에서 발사되는 이스라엘 전차의 포격에 차례차례 격파되었다.

설상가상으로 파괴된 전차가 진입로를 막기 시작하자 그 뒤편에서는 차량 정체가 극심하게 빚어졌다. 그 결과 자연스럽게 형성된 병목 지역

으로 몰린 시리아군은 이스라엘 전차의 좋은 표적이 되었고 그 피해가
상당했다. 시리아군의 일부 전차병은 공포에 휩싸여 멀쩡한 전차를 버
리고 몸만 나와 내빼버리는 일도 있었으나 상당수의 시리아군은 물러나
지 않았고 일부 용감한 보병은 쏟아지는 포탄 속에서 목숨을 걸고 야
삽으로 대전차 호를 메웠다. 이렇게 무모하였지만 용감했던 시리아군은
조금씩 전진할 수 있었으며 얼마 안 있어 불도저가 도착해 대전차 호를
메우기 시작했다.

한편 이스라엘 공군은 6일 전쟁의 경험으로 비추어 자신들이 공중을
장악해 그 기세로 시리아군을 격퇴할 수 있다고 믿었다. 하지만 이 생각
은 곧 오판임이 개전 수 분 만에 판명 났다. 전선으로 기세 좋게 출격한
스카이호크[34]가 기다리고 있던 시리아 방공 미사일 SA-6에 요격되어 이
스라엘 전차병의 머리 위에서 나뭇잎처럼 떨어졌기 때문이다.

시리아와 이집트의 통합 방공체계는 남부와 북부 전선에서 개전 이틀
만에 이스라엘 항공기 50여 대(아랍 측은 더 많은 수를 주장)를 격추하는
성과를 이루었고 이것은 이스라엘 공군의 15% 전력에 해당하여 이후
이스라엘 공군 운영에 엄청난 타격을 주었다.

골란고원 북부 전선

개전과 함께 쿠네이트라 이북을 담당하고 있던 바락여단 소속의 야이
르 나프쉬 중령의 1개 전차대대는 북부 전선 능선에 자리를 잡았고 오

---

34 미 해군이 세계대전 후 함상 전투기로 개발해 1956년 실전 배치되었다. 작은 크기에도 불
구하고 훌륭한 운동성능과 무장능력이 뛰어났으며 지상공격용으로 많이 활용되었다. 중
동전과 베트남전에서 활약하였다.

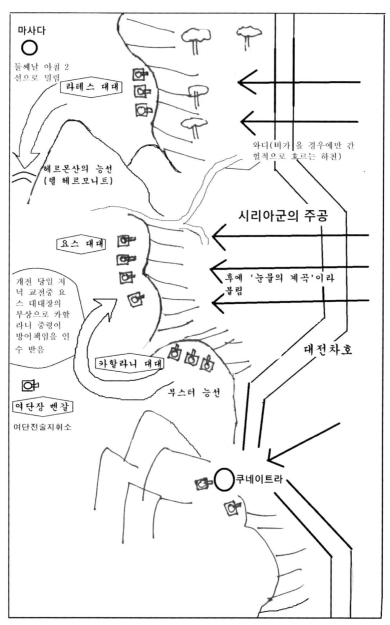

마사다

둘째날 아침 2
선으로 밀림

라테스 대대

헤르몬산의 능선
(랩 헤르모니트)

와디(비가 올 경우에만 간
헐적으로 흐르는 하천)

요스 대대

시리아군의 주공

개전 당일 저
녁 교전중 요
스 대대장의
부상으로 카할
라니 중령이
방어책임을 인
수 받음

후에 '눈물의 계곡'이라
불림

카할라니 대대

대전차호

부스터 능선

여단장 벤갈

여단전술지휘소

쿠네이트라

골란고원 북부에서의 공방(1)

후 내내 살상지대에 진입한 적 공병 장비를 집중적으로 포격하였다. 이스라엘 전차병들은 훌륭한 방어전을 펼쳤으며 그 결과 고지 아래에는 60여 대의 시리아군 전차와 수십 대의 보병전투차량 그리고 보병수송차량의 불타는 잔해로 가득해졌다. 뒤이어 투입된 7기갑여단은 시리아 포병의 살인적인 포격과 시리아 공군의 간헐적인 폭격 속에서 전선으로 이동하여 아이르 나프쉬 중령의 병력을 흡수하였고 북부 전선 방어전을 펼치게 되었다. 시리아군의 주공격로가 되었던 그 계곡을 훗날 이스라엘인들은 '눈물의 계곡'이라고 부르게 된다.

골란 북부를 방어하는 임무를 맡게 된 7기갑여단 3개 대대는 북에서 남으로 라테스, 요스, 카할라니 대대장 순으로 전개하였다. 저녁 10시에 다시 대규모의 시리아군 병력이 요스 중령이 지키고 있는 계곡으로 밀려들어 오기 시작했다. 이에 여단장 벤 갈 대령은 카할라니 중령에게 1개 중대를 부스터 고지에 남기고 나머지 병력을 이끌고 전투가 치열한 '눈물의 계곡'을 지키고 있는 요스 대대를 지원하게 하였다. 하지만 카할라니 부대가 지원하러 이동하는 중 요스 대령이 전투 중 눈에 파편상을 입고 후방으로 수송되면서 카할라니 중령은 도착하자마자 자연스럽게 요스 대대와 그 지역까지 책임지게 되었다.

시간이 흘러 어둠이 점점 깊어지자 전황은 이스라엘군에게 불리하게 돌아가기 시작하였다. 시리아군은 전차조종수와 포수 및 전차장에게 소련제 적외선 야시장비를 충분히 보급하여 야간 전투에 대비했던 반면에 이스라엘군은 그렇지 못했다. 이스라엘 전차는 전차 상부에 달린 탐조등(searchlight) 그리고 포병과 비행기가 간헐적으로 투하해주는 조명탄을 통해 야간 전투에 대비하고 있었는데 탐조등(서치라이트)을 비춘 상태로 포격을 했다가는 적에게 쉽게 위치가 노출되어 피격되는 위험이 있었고 조명탄도 준비된 물량이 떨어지자 더는 지원받을 수 없게 되었다.

어둠 속에서 달빛과 시리아군의 불타는 전차에 의지해 싸우는 이스라엘군은 할 수 있는 것이 많지 않았다. 이에 어둠의 이점을 살려 시리아군은 대천차 호를 메웠고 시리아 가교 전차 중 2대가 간신히 대전차호에 도착하여 가교를 놓을 수 있었다. 시리아 전차는 이스라엘군 야포의 포격 속에서 대전차 호를 넘을 수 있었으며 일부 넘어온 시리아 전차는 자신의 후방 부대를 기다리지 않고 어둠 속에서 너무 빨리 진격해 버렸다. 이때 카할라니 부대는 시리아군의 살인적인 포격을 견디지 못하고 능선에서 계곡으로 일시 후퇴해 있었다. 성급한 진격으로 자신의 부대와 떨어진 시리아 전차 2대는 전진하다 카할라니 대대 100m 앞까지 도달하였는데 어둠 때문에 서로를 알아보지 못했다. 전차 밖으로 몸을 내놓은 카할라니 중령은 어둠 속에서 대대 전차 중 1대의 후미등이 켜져 있는 것을 발견하고 명령했다.

"전 대대원은 들어라, 여기는 대대장, 모든 등을 소등하라!"

그런 명령이 몇 번 이뤄졌음에도 여전히 일부 전차의 후미등이 켜져 있었고 그런데도 각 중대장은 자신 휘하의 전차는 이상 없다고 보고했다. 이에 일부 전차가 일부러 명령을 무시한다고 생각해 화가 단단히 난 카할라니는 다음과 같이 명령했다.

"여기는 대대장, 전차 개별로 점검하라. 이상."

다시 전차별로 이상 없다는 보고가 들어오기 시작했다.

이상하다고 느낀 카할라니는 모든 전차의 엔진을 끄도록 명령했다. 하지만 여전히 엔진이 꺼지지 않는 전차가 있었다. 그는 옆에 있던 전차의 전차장에게 탐조등을 켜서 그쪽 방향을 비추도록 명령한 후 자신의 전차 포수에게 포탄을 장전하고 포문을 그쪽으로 향하게 하였다. 옆 전차가 탐조등으로 인해 자신의 위치가 노출되는 것을 두려워해 잠시 머뭇거렸지만, 상관의 계속된 명령에 탐조등을 내키지 않는 맘으로 켤 수밖에 없었다. 그 순간 놀랍게도 이스라엘 전차의 전방 50m, 100m 앞에 시리아 T-55 전차 2대가 밝은 조명하에 모습을 드러냈고 동시에 카할라니의 전차와 그 옆 전차에서 다급하게 포탄이 발사되었다. 잠시 동안 이스라엘군을 놀라게 했던 이 길 잃은 불쌍한 시리아 전차 2대는 그 자리에서 격파되었으며 그중에 한 전차에서는 화염에 휩싸인 불행한 병사 1명이 미친 듯이 전차로부터 뛰어내려 바위틈으로 향하더니 불을 끄려고 뒹굴었다.

카할라니는 계속된 전투와 죽음의 공포로 거의 탈진상태에 있던 부하들을 독려하며 10월 7일 새벽 3시가 되어서야 시리아군을 격퇴할 수 있었다.

'눈물의 계곡' 대전차 호 주변에 버려지거나 파괴된 시리아 전차

한편 새벽 2시에 치열한 격전 끝에 바락여단이 지키고 있던 쿠네이트라 남쪽 전선을 돌파한 일부 시리아 전차부대가 라피드에서 쿠네이트라로 곧장 북진하고 있다는 정보가 들어왔다. 이 부대는 성공적으로 골란 북부를 방어하고 있던 7기갑여단의 측면을 위협하고 있었다.

이에 벤 갈 여단장은 1개 중대를 차출하여 북상하고 있는 이 부대를 막게 했다. 10여 대의 이스라엘 전차는 길가에 띄엄띄엄 매복하여 이들이 다가오기만을 기다렸다. 이 사실을 모르고 골란 남부 전선의 승리로 기세등등한 40여 대의 시리아 전차는 자신들이 7기갑여단의 측면을 기습공격하는 입장이라고 생각해 종대를 이루며 빠른 속도로 매복한 이스라엘 전차의 포위 그물망에 들어오고 있었다. 한순간 일제 사격이 이어졌고 순식간에 시리아 전차 20대가 파괴되었다. 기습공격에 놀란 시리아 전차는 후퇴하였고 날이 밝아올 즈음 다시 이스라엘 전차들을 찾기 위해 조심스럽게 접근하였다. 하지만 이스라엘 전차는 이동하여 새로운 매복 장소에서 그들을 기다리고 있었고 또 한 번의 매복 공격으로 시리아군은 10여 대의 전차를 잃고 퇴각할 수밖에 없었다.

이 전투의 승리로 7기갑여단의 측면은 안전한 상황에 놓일 수 있었고 전면으로 밀고 들어오는 시리아군에 집중할 수 있었다.

골란고원 남부 전선(쿠네이트라 남쪽)

거친 현무암 지대인 골란 북부와 달리 남부는 상대적으로 평지에 가까웠기 때문에 시리아의 진격은 좀 더 수월하게 이루어지고 있었다. 쿠네이트라 남부를 담당하고 있던 바락여단 소속 이스라엘 전차병들은 시리아 대공 미사일에 의해 하염없이 격추되는 이스라엘 전투기를 지켜보면서 더 이상 그들이 믿었던 공군의 지원이 불가능하다는 것을 알게 되었다. 벤 쇼함 대령의 지휘를 받으며 남부 바락여단을 지휘하고 있던 에레즈 중령의 처절한 저항에도 불구하고 오후 5시경 결국 시리아군에 의해 저지선이 뚫렸고 시리아 전차는 거침없이 퍼플라인을 넘기 시작했다.

상황이 심각해지자 골란 남부를 책임지고 있던 벤 쇼함 대령은 북부 사령부인 나페크에서 전방의 주하데르로 작전지휘소를 옮기기 위해 전선으로 이동하였다. 주하데르가 가까워지자 그의 앞에서 전차 한 대가 서서히 그의 차량 앞으로 접근하고 있었다. 그는 후퇴하고 있는 이스라엘 전차라고 생각하고 부하를 시켜 다시 전선으로 돌려보내도록 지시하였다. 그의 부하는 전차 앞으로 나아가 유대어로 명령을 전달하였는데 전차에 몸을 내어놓고 있던 전차장이 갑자기 전차 안으로 몸을 집어넣더니 해치를 닫아버리고 후진을 하기 시작했다. 놀랍게도 전차는 시리아 전차였다. 시리아 전차장은 갑작스럽게 어둠 속에서 이스라엘군이 나타나자 이스라엘 반격부대와 마주쳤다고 생각하고 재빨리 도망가 버린 것이다. 놀란 것은 벤 쇼함 대령도 마찬가지였다. 그에게는 탄약수송대와 전술지휘 장갑차밖에 없었기 때문에 시리아 전차에 대적할 수 없었다.

그는 주하데르 지역이 이미 위험한 상황에 놓였다는 것에 경악했고 탄약수송대를 나페크로 급히 돌려보냈다. 포격과 공중 폭격 그리고 밀려오는 시리아 전차에 의해 심하게 난타당한 바락여단은 늦저녁에는 남은 전차 15대로 시리아 전차 450대에 맞서고 있었다. 골란고원 남부 전선은 이미 일부 지역을 제외하곤 기세가 오른 시리아 전차로 가득 차기 시작하였다.

한편 휴가 중이었던 많은 이스라엘 병사가 전쟁이 시작되자 전장으로 무작정 달려오기 시작했다. 그중엔 혈기왕성하고 의욕 넘치는 금발의 츠비카 그린골드 중위도 있었다. 그는 전역이 불과 한 달밖에 남아있지 않은 상태에서 개전 소식을 듣자마자 휴가지였던 키부츠에서 북부사령부가 있는 나페크로 득달같이 달려왔다.

그는 도착하자마자 자신이 지휘할 전차가 있는지 물어보기 시작했다. 그는 전투 중 파손되어 후방으로 이송되었다가 수리된 3대[35]의 전차와 함께 총 4대의 전차를 수령할 수 있었고 이 급조된 부대는 '츠비카 부대'로 명명되었다. 그는 4대의 전차를 이끌고 나페크에서 후쉬니아로 이동하기 시작하였다. 저녁 9시 20분쯤 남진하던 그는 시리아 전차 1대를 파괴하였다. 그 와중에 그의 전차 안의 무전기가 고장 나자 다른 이스라엘 전차에 갈아타서 지휘하기로 했다.

하지만 얼마 안 있어 그의 전차부대는 밀려오는 시리아 전차에게 모두 격파되었고 결국에는 홀로 남게 되었다. 그는 홀로 남았음에도 불구하고 퇴각하지 않고 그곳에서 싸웠다. 그는 도로상에 3대의 시리아 전차를 발견하고 신속하게 격파하였다. 30분 후 외롭게 도로 주변에서 매복하고 있던 그의 전차는 30대의 시리아 전차가 도로를 따라 이동하는 것을 발견했다. 그는 기다리다 맨 선두의 전차에 사격을 가하였고 파괴할 수 있었다. 그는 장소를 옮겨 가며 시리아 전차에 사격을 가하였으며 와중에 처음에 가지고 있던 72발의 포탄이 떨어지자 파괴된 전차에서 포탄을 끌어모아 사용하였다.

---

35 이스라엘은 파괴된 전차를 후방으로 견인한 후 수리한 뒤 전장에 다시 보내는 일을 반복했는데 시리아군에서는 행하지 않은 일이었다. 파괴된 전차 안에는 끔찍하게 죽어있는 동료 병사들을 수습하고 피로 얼룩진 전차를 휘발유로 청소해야 하는 절차도 필요했는데 당시 수리병들의 고충을 상상하기 쉽지 않다.

츠비카 전차의 분전에 시리아 전차는 혼란에 빠졌고 대규모의 이스라엘 전차대와 마주쳤다고 생각한 시리아 전차부대는 파괴된 시리아 전차를 남겨두고 퇴각하기 시작했다.

당시의 절박한 상황을 츠비카 중위는 다음과 같이 회고했다.

"글쎄요, 저는 전차장의 임무를 계속 수행하였을 뿐입니다. 즉 사격하고 진지 변환하고 또 사격 자세를 취하고… 이것은 대단한 일입니다. 이런 와중에서도 저는 두 가지를 느꼈습니다. 첫째는 공포입니다. 왜냐하면, 그런 상황에서 살아남을 가능성이 전혀 없었기 때문입니다. 또 둘째는 책임감입니다. 저의 경우에는 강한 책임감을 느꼈습니다. 증원을 기대할 수 없는 상황에 처해서 퇴각하는 게 당연한 것이었지요. 그러나 나는 전차 1대 만으로 전투를 하였습니다. 전쟁은 전차만으로 할 수 없다는 걸 잘 알고 있었지만, 나 스스로가 싸우지 않으면 정말로 (당시에 이스라엘군이) 전멸해 버릴 것으로 생각했습니다."

얼마 후 후방에서 신속하게 동원된 10여 대의 전차가 나페크에서 남진하여 츠비카 중위와 합류하였고 츠비카 중위는 3대의 전차를 배정받아 소대장 자격으로 다시 지휘할 수 있었다. 하지만 도로를 따라 남진하던 이스라엘 부대는 이번에는 시리아군의 매복에 걸렸다. 밤 10시부터 시작한 시리아군과의 교전은 10월 7일 새벽 1시까지 3시간 동안 이어졌으며 수적으로 절대적 열세였던 이스라엘군의 전차는 하나둘씩 파괴되기 시작했고 츠비카 중위의 전차도 피격되었다. 피격과 동시에 빠르게 전차 밖으로 뛰어내려 운 좋게 목숨을 건진 츠비카 중위는 몸에 붙은 불을 끄기 위해 땅으로 데굴데굴 굴렀다. 불이 꺼지자 그는 근처 유일하게 살아남은 이스라엘 전차에 올라타 무전으로 '츠비카 부대'가 건재함을 알렸다.

이런 일련의 전투를 겪으면서 쿠네이트라 남부 방어 책임자였던 벤 쇼함 여단장을 포함하여 많은 군인은 '츠비카 부대'가 많은 수의 전차를 보유한 부대라고 생각하였다. 하지만 실상은 단 한 명이 여러 전차를 옮겨 타며 만든 '실체 없는 부대'였다. 그러나 많은 이스라엘 병사에게는 츠비카 부대'가 여전히 남부 전선에서 시리아군과 맞서 싸우고 있다고 생각하게 했고 절망적인 패배 속에서도 이스라엘 병사에게 '희망의 불씨'를 안겨 주었다.

헤르몬산의 관측소

전쟁 개시와 함께 '이스라엘의 눈'이라 불렸던 헤르몬산의 관측소는 시리아군의 첫 번째 공격 대상이 되었다. 이곳에서는 골란고원 북쪽과 동쪽의 레바논 영토 그리고 시리아 영토가 훤히 보였다. 반대로 이스라엘 방향도 이곳에서는 훤히 볼 수 있었기 때문에 전략적으로 매우 중요한 곳이었다.

헤르몬산 관측소를 점령하기 위해 500여 명으로 구성된 시리아 공수부대원이 봉우리 기슭에 도착했다. 이윽고 이스라엘군 방어진지에 시리아군의 거센 포격이 가해지자 시리아 공수부대원이 헤르몬산 관측소를 점령하기 위해 비탈길을 오르기 시작했다.

이들과 별개로 후방으로 투입된 또 다른 시리아 공수부대원은 마사다 (Masada)로 이어지는 도로를 막아 이스라엘 지원부대를 차단하기로 하였다. 그러나 이들을 싣고 침투하던 4대의 헬기 중 1대는 이스라엘군에게 공중에서 격추되었다.

당시 헤르몬산의 이스라엘 병력은 정보 및 관측·통신장비 정비 요원 40명과 함께 전투병 14명만이 관측소를 수비하고 있었다. 이스라엘은 이곳이 시리아의 진격 루트에 비켜나 있었기 때문에 시리아의 주공격 목표가 될 것이라고는 생각하지 못했다. 이스라엘군은 시리아군의 거센 포격이 이어지자 요새에 마련된 대피호로 피신하였다. 이 틈을 타 시리아군은 조심스럽게 산비탈을 오르기 시작했다. 포격이 잦아들자 대피호에서 나온 수비 전투병은 접근하는 시리아군에 맹렬히 사격을 가했고 시리아군은 사상자 50명을 내고 퇴각하였다.

오후 5시 전열을 정비한 시리아군은 이스라엘 수비대가 태양 때문에 제대로 보지 못하는 서쪽에서부터 들이닥쳤고 결국 외곽 방어진지를 뚫었다. 이후 시리아군은 밧줄과 갈고리를 사용해 방어진지의 장벽을 기어올라 백병전을 펼쳤고 수적으로 열세인 이스라엘군은 겁에 질려 벙커 안으로 도망갔다. 시리아군은 곧이어 지하 통로를 제압했지만 강철 문으로 단단히 잠긴 주 관측실과 통신실로는 진입할 수가 없었다. 이에 그들은 강철 문 앞으로 포로 한 명을 끌고 와 문을 열 때까지 폭행을 가하기 시작했고 동료의 고통스러운 외침을 외면할 수 없었던 통신실 안의 병사들은 강철 문을 열 수밖에 없었다. 시리아군은 그들을 몇 시간씩이나 고생시킨 강철 문 안에 있던 병사들에게 자비를 베풀지 않고 모두 사살했다.

이스라엘 병사 중 11명만이 산자락을 타고 간신히 도망쳤고 나머지는 죽거나 포로가 되었다. 헤르몬산 관측소를 점령한 시리아군은 이후 관측소에서 이스라엘군의 동향을 관측하며 시리아 부대와 포병에 이스라엘 군대의 동향을 알려주게 되어 이스라엘군을 줄곧 난처하게 만들었다. 그리고 헤르몬산 요새 진지에 설치된 이스라엘의 최신식 통신 및 전자장비는 며칠 뒤 소련 고문단이 헬기로 도착하여 인수해 갔다.

한편 바다에서도 이스라엘군과 시리아군의 교전이 발생하였다. 하지만 해전의 상황은 이스라엘에 유리하게 전개되었다. 이스라엘 해군과 시리아 해군은 라타키아 항구 앞에서 치열한 교전을 벌였는데 시리아 해군은 이스라엘이 가지고 있는 미사일보다 사정거리가 2배나 되는 미사일을 보유했음에도 불구하고 이스라엘 함정 1척도 파괴 못 하고 오히려 5척이 격침되었다. 이 해전으로 시리아 해군은 전의를 상실하고 다시는 바다로 나오지 못한다.

10월 7일(일요일)

골란고원 북부 전선

새벽이 밝아올 무렵에 골란고원 북부 전선의 눈물의 계곡(텔[36] 헤르모니트와 쿠네이트라 사이)에는 100대가 넘는 시리아 전차가 파괴 또는 손상된 채 계곡 기슭을 뒹굴고 있었다.

아침 8시 눈물의 계곡에 대한 시리아군의 공격이 엄청난 곡사포 공격과 동시에 재개되었다. 시리아군은 동에서 서쪽으로 진격하였기 때문에 아침 시간 공격을 선호하였다. 시리아군은 아침에는 태양을 등 뒤로할 수 있는 반면 이스라엘군은 태양을 마주 보며 싸워야 했기 때문이었다.

---

36 '텔(Tel)'은 유대어로 '산', '언덕'을 뜻한다.

긴장되는 밤을 뜬눈으로 보낸 카할라니 대대는 엄청난 물량으로 저돌적으로 돌격하는 시리아군의 전차와 힘든 전투를 해야 했다. 카할라니 중령은 다음과 같이 회고하였다.

"시리아군은 계속 전진하였는데, 그들의 동료 전차가 계속 파괴되고 있는데도 공격을 멈추지 않는 것에 대해 내심 걱정이 되었다. 어떻게 저렇게들 용감할 수 있는지 믿을 수가 없었다."

4시간의 격전 끝에 시리아군은 80~90대의 전차가 추가로 파괴된 채로 퇴각하였다. 하지만 전체적인 전황이 좋지 않았다. 카할라니 대대 위의 텔 헤르모니트 북부지역을 맡은 라테스 대대의 방어선은 결국 시리아군에 의해 돌파되었다. 그쪽은 여기저기 과일과 포도나무로 뒤덮인 야산이 있어 복잡하고 엄폐물이 많았기 때문에 상대적으로 탁 트인 '눈물의 계곡'보다 돌격하는 시리아 전차를 파괴하기가 쉽지 않았다. 라테스 대대는 2선으로 밀려 텔 헤르모니트 서쪽에서 방어선을 구축하였다. 더욱이 쿠네이트라 남부 전선이 뚫리면서 쿠네이트라 북부 전선으로의 지원병력도 생각할 수 없게 되었다. 오후에는 지원 나온 F-4 팬텀 전투기 한 대가 그의 머리 위에서 격추되어 비상 탈출한 조종사를 구출하기도 하였다.

그리고 전투가 계속될수록 이스라엘 전차장의 희생이 눈에 띄게 늘어났다. 이스라엘 전차장은 적을 빠르게 식별하고 대응하기 위해 좁은 전차 안에서 나와 상반신 전체를 전차 밖으로 드러내 놓았는데 포탄 파편이 사방으로 튀고 총알이 날아오는 전투에서는 매우 위험한 방식이었다. 하지만 이러한 위험을 인지하고 있음에도 전투에서의 시야 확보, 즉

능동적 대처를 위한 전차장의 이러한 희생은 장비와 수적인 불리함에
도 불구하고 이스라엘 전차가 시리아 전차보다 전투 우위에 있었던 요
인 중 하나였다.[37]

오전의 격렬한 전투 이후 카할라니 휘하의 4명의 중대장 중 1명은 전
사하고 또 한 명은 부상 때문에 후방으로 후송되어 이젠 카할라니는
2명의 중대장만 데리고 전투를 해야 했다. 이에 부스터 능선에 남겨두었
던 1개 중대를 이동·편입시켜 20~30여 대[38]의 전차를 2개 중대로 다시
재편하여 방어태세를 갖추었다. 카할라니 중령은 시리아군이 다시는 대
전차 호 주변으로 수많은 전차와 장갑차 그리고 시신이 널브러져 있는
'눈물의 계곡' 쪽으로 또다시 집중하여 공격해오지는 않을 것으로 생각
했다.

골란고원 남부 전선

퍼플라인 최전선에서 밀려나 새벽까지 주하데르에서 저항하던 에레
즈 중령의 바락여단 잔여 전차 12대는 지원하러 온 전투기 6대 중 4대
가 시리아의 SA-6 대공 미사일에 여지없이 격추되자 주하데르에서의 저
항을 단념하고 나페크로 퇴각을 고려했다. 하지만 시리아군의 빠른 진

---

37 시리아 전차장은 전차장 해치를 밀폐하고 전투하는 경우가 많았는데 안전하기는 했지만,
전장 상황을 빠르게 파악하는 데는 불리했다. 이에 현대 전차는 전차장 피해를 최소화하
기 위해 주·야간 360° 파노라마식으로 전장을 관측할 수 있는 전차장 독립열상장치를
채택하고 있다.

38 이스라엘은 전투 중 부서진 전차를 버리지 않고 반드시 견인해서 후방으로 보내 고친 후
곧바로 전선에 투입했기 때문에 전차의 숫자가 변동이 많았다. 동시에 부상자와 시신도
반드시 찾아서 후송했다. 반면 시리아는 전차를 수리해서 쓰는 것은 거의 없었고 전투 중
멀쩡한 전차를 버리고 도망가는 승무원도 많았다. 나중에 이스라엘은 이렇게 버려진 적
전차마저도 재활용하였다.

격으로 퇴로가 끊기자 시리아군의 진격로에서 벗어난 사각지대인 텔 파리스 산 밑으로 대피하기로 한다. 그들은 한동안 그곳에서 시리아 부대에 포위된 상태로 초조한 시간을 보내야 했다.

　남부지역을 책임지고 있던 바락여단장 벤 쇼함 대령도 전차 1대와 지휘용 장갑차를 가지고 주하데르에서 퇴각하기로 결정했다. 이미 무전을 통해 후쉬니아로 가는 길이 막혔음을 알게 된 벤 쇼함 여단장은 밤새 이동하여 서쪽 요르단강 쪽으로 이동한 후 북쪽으로 방향을 돌려 아침 9시 가까스로 나페크 기지에 도착하였다. 하지만 그는 곧바로 전투가

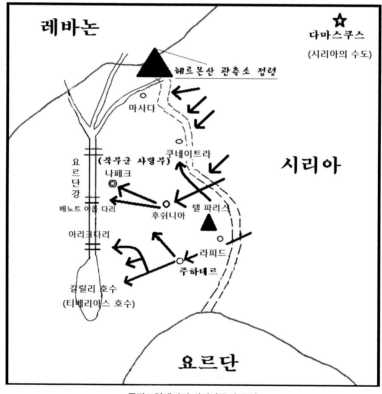

골란고원에서의 시리아군의 공격

벌어지고 있는 후쉬니아 방면으로 이동하여 전장을 지휘하기로 하고 몇 대의 전차와 함께 후쉬니아를 향해서 이동했다.

한편 거침없이 돌격하여 주하데르를 점령한 시리아군은 일부 부대를 나페크 방향으로 보내고 남쪽으로 계속 진격하다 군대를 둘로 나누어 하나는 요르단강의 아리크 다리를 향해 진격하도록 했고 또 하나의 군 대는 갈릴리 호수 방향으로 진격하도록 했다. 최남단의 부대는 미미한 이스라엘군의 저항을 뚫고 갈릴리 호수 근처까지 진격하기에 이른다.

시리아군에 밀리며 가까스로 도망칠 수 있었던 이스라엘 패잔병은 나 페크로 몰려들었다. 이 패잔병과 함께 급하게 보내져 전혀 체계가 잡 혀있지 않은 새롭게 동원된 병력이 나페크에서 뒤섞여 버렸고 혼란스러 운 상황이 연출되었다. 나페크 기지를 지휘하고 있던 사단장 라풀 아이 탄 준장은 자신이 이전에 경험해 보지 못한 이스라엘군의 패배로 큰 정 신적 충격에 빠졌지만, 그는 나페크에서 골란 남부 전선에서 밀려난 병 력과 새로 충원된 병력을 모아 재정비한 후 반격을 해보기로 했다. 우선 적으로 급조된 6대로 구성된 전차부대에 명령하여 얼마 안 되는 전차로 후쉬니아에서 올라오고 있는 시리아 전차를 힘겹게 막고 있는 벤 쇼함 여단장을 증원하도록 명령했다. 얼마 후 벤 쇼함 여단장의 희망적인 무 전이 들어왔다.

"여태까지 8대의 전차를 파괴했다. 상황은 괜찮아 보인다."

하지만 이미 대규모의 시리아 전차사단이 퍼플라인을 넘어 후쉬니아 를 점령한 후 이스라엘 군사령부인 나페크로 몰려들고 있었다. 시리아 군의 주니 대령이 이끄는 시리아 1기갑사단은 라피드 주변 지역 이스라

　　　　　　　　단숨에 읽는 중동전쟁 개정판

엘 방어선이 무너지자 그 틈을 타 빠르게 골란 중부지역에서 퍼플라인
을 돌파하였고 후쉬니아를 점령한 후 나페크로 진격하고 있었는데 이스
라엘군은 이 사실을 정확히 인지하지 못하고 있었다. 후쉬니아 방어를
위해 급조해서 보낸 6대의 이스라엘군 전차는 후쉬니아로 가는 도중 곧
바로 시리아 1기갑사단 선봉대 80여 대와 맞닥뜨렸고 얼마 후 무전 연
락이 끊겼다.

　정오인 12시 30분 벤 쇼함 여단장은 나페크로의 후퇴를 결정하고 부
여단장에게 자신을 엄호하도록 지시한다. 부여단장을 포함한 4대의 전
차는 전방에서 시리아 전차와 맞서 싸우며 여단장의 후퇴를 돕기로 했
다. 하지만 얼마 안 있어 부여단장이 지휘하는 전차는 가지고 있던 포탄
이 떨어지는 절망적인 상황이 오고 말았다. 마침 한 대의 시리아 전차가
다가오자 그는 다가오는 시리아 전차를 향해 자신의 전차를 전속력으로
돌진하게 하여 시리아 전차를 격파하고자 하였다. 하지만 충돌하기 직전
시리아 전차에서 포탄이 발사됐고 부여단장은 그 자리에서 즉사했다.

　한편 부여단장의 사망 소식을 모르던 벤 쇼함 여단장은 전차 밖으로
몸을 내밀고 주위를 경계하며 무전으로 계속 부여단장을 호출하고 있
었다. 그리고 불과 나페크에 도착하기 300m 앞에서 갑자기 파괴된 시리
아 전차에서 발사된 기관총이 그를 정확히 맞혔고 그 자리에서 즉사하
였다. 이로써 골란 남부 전선 방어를 지휘하고 있던 이스라엘군의 여단
장과 부여단장이 모두 전사하며 쿠네이트라 남부 전선 방어군은 군대와
함께 지휘체계도 붕괴되어 버렸다.

　벤 쇼함 여단장이 전사한 후 얼마 지나지 않아 오후 1시쯤 시리아
1기갑사단 선발대는 골란고원 방어 사령부인 나페크에 나타났고 혼비백
산한 에이탄 사단장은 그의 참모들과 같이 북쪽으로 빠져나가 5㎞ 북쪽

에 새로운 임시 지휘소를 설치해야 했다. 나페크 군 기지는 시리아군의 인정사정없는 포격에 불바다가 되었다. 이스라엘 방어 사령부인 나페크 점령의 선봉에 선 시리아 1기갑사단 주니 대령은 거침없는 승리의 진격 속에서 후쉬니아 인근에 보급 및 행징 지원 시설을 설치하여 전초기지로 삼고 골란고원 전체를 장악할 수 있는 토대를 세웠다. 골란고원 일대가 시리아군의 수중에 들어가는 것은 시간문제처럼 보였고 승리의 여신은 시리아군에 미소를 보내고 있는 것처럼 보였다.

그러나 주니 대령의 예상과 달리 나페크가 쉽사리 점령되지는 않았다. 끝까지 남아 저항한 이스라엘 군인들이 있었다. 대표적인 인물이 피니에 중령이었다. 시리아 전차가 남쪽에 설치한 외곽 철조망을 짓밟고 들어오자 피니에 휘하의 병사들은 겁에 질린 나머지 무기를 버리고 달아나버렸다. 그는 병사들과 함께 도주하는 대신 버려진 바추카포(미국제 대전차 개인용 화기)가 있는 진지로 달려갔고 그의 뒤로는 작전 장교와 차석 정보장교가 뒤따랐다. 작전 장교에게는 이것이 최초의 실전이었다. 작전 장교는 바추카포의 사수를 맡고 피니에가 그의 부사수를 맡았다. 정보장교는 옆에 버려져 있던 기관총을 집어 들었다. 시리아 전차 한 대가 200m 앞까지 다가왔을 때, 작전 장교가 조준한 첫발이 발사되었지만, 명중에 실패했다. 그리고 두 번째 발사도 실패하자 화가 난 피니에는 소리쳤다.

"다음에도 저 녀석을 못 맞추면 대전차 화기 사수자리를 내놓게 될 줄 알아!"

그의 경고가 효과가 있었는지 세 번째 로켓탄이 시리아 전차 조종수

석에 명중하였다. 시리아 전차병이 탈출을 시작했고 정보장교는 이들에게 기관총을 난사했다. 장벽에 걸쳐진 전차는 방치된 채 이틀 동안이나 시동이 꺼지지 않았다. 이 시리아 전차가 파괴됨과 동시에 그들에게 다가오던 또 다른 시리아 전차 2대도 거대한 폭발음과 함께 터졌다. 급하게 동원되어 쿠네이트라에 임시 배치되었던 동원부대가 나페크의 상황을 듣고 전속력으로 돌아와 교전을 벌이기 시작한 것이었다. 곧이어 나페크를 놓고 시리아와 이스라엘 전차 간에는 몇 시간 동안의 격렬한 전차전이 벌어졌다.

피니에와 그 일행은 이후 장소를 옮겨 시리아 전차 한 대를 더 격파했다. 하지만 마지막 남은 로켓탄이 한 시리아 전차를 비껴가는 바람에 이 시리아 전차의 좋은 표적이 되었다. 시리아 전차가 그들을 향해 포탑을 돌리고 있을 때 그들은 공포에 사로잡혀 전혀 움직일 수 없었다. 그때 갑자기 시리아 전차가 폭발하더니 화염에 휩싸였다. 옆쪽에서 이스라엘 전차 한 대가 다가오고 있었다. 츠비카 중위의 전차였다. 그는 고통스러운 표정으로 전차에서 내렸다. 20시간 동안 잠도 못 자고 격렬한 전투를 하였고 불에 탄 옷을 걸친 채 부상으로 피투성이가 된 몸으로 근처에 있던 소령에게 작은 목소리로 말했다.

"도저히 이제 더는 안 되겠습니다…"

소령은 츠비카를 왈칵 끌어안았고 곧바로 야전병원으로 그를 후송하였다.

일부 이스라엘 군인의 용감한 저항과 때마침 나페크를 구원하러 온 전차부대로 나페크는 구원받을 수 있었고 처음으로 이스라엘군은 시리아군의 진격을 멈춰 세웠다.

한편 골란 북부 전선은 여전히 교착상태에 빠졌고 시리아군은 이스라엘군의 저항선을 못 뚫고 있었다. 하지만 이스라엘군의 저지선은 점점 약해지고 있었으며 골란 남부 전선이 무너졌다는 소식은 이스라엘 병사의 불안감을 가중시켰다.

전장을 살펴보는 이스라엘 수뇌부

왼쪽부터 북부 사령관 호피 소장과 국방부 장관 모세 다얀(가운데 안대를 한 사람) 그리고 골다 메이어 총리가 앉아서 전장을 살피고 있다.

이때 무너지고 있는 골란 전선을 순찰한 국방장관 모세 다얀 장군은 텔아비브로 돌아와 골다 메이어 총리에게 북부 전선에서의 상황을 이야기하고 요르단강 서쪽으로의 후퇴를 건의하였다. 그러면서 그는 강에 건설된 교량의 파괴를 준비해야 한다고 절망적으로 말했다. 이것은 곧 6일 전쟁 때 획득한 골란고원을 포기한다는 의미이기도 하였다. 충격[39]을 받아 안절부절못하던 골다 메이어 총리는 당시 산업통상부 장관이었으며 6일 전쟁 시 참모총장이었던 하임 바레브에게 조언을 구했다. 총리의 절박한 도움 요청을

---

39 당시 비공식적인 핵무기 보유국인 이스라엘이 핵무기 카드를 만지작거렸다는 이야기도 있다. 이집트와 시리아가 전쟁의 목적을 이스라엘의 멸망이 아닌 시나이반도와 골란고원 획득에 한정해 둔 것도 이러한 현실과 관련이 있다.

받은 바레브는 저녁에 정확한 전황 파악을 위해 곧바로 군복을 입고 북부군 사령부로 달려갔다. 예상대로 사령부에 도착한 바레브는 절망한 야전 지휘관을 마주쳐야 했다. 그는 장교들을 다독이면서 반격할 수 있는 작전을 짜게 하였다. 바레브의 독려는 어찌할 줄 모르고 있던 호피와 그의 부하들에게 큰 힘이 되었으며 그의 도착과 함께 내지(內地)에서 급하게 동원된 병력과 장비가 속속 도착하고 있는 것도 그들의 전의를 다시 일으켜 세웠다.

호피 사령관은 장교를 소집하여 이제 막 도착한 병력과 기존의 병력을 재편하여 반격 작전을 짰고 골란 전선을 북부와 남부로 나눠서 북부는 에이탄 준장이, 남부는 딘 라너 소장이 맡게 했다. 둘 사이의 경계는 쿠네이트라와 베노트 야곱 다리를 잇는 선으로 정했다. 이스라엘군 수뇌부도 이스라엘 공군력을 골란에 집중하기로 하면서 힘을 실어주었다. 그리고 원래 남부 시나이 전선에 투입할 예정이었던 펠레드 준장의 동원 기갑부대도 북부 전선인 골란 전선에 투입하기로 하면서 이스라엘군 전력을 골란 전선에 집중하기로 했다.

골란 남부 전선의 반격을 책임지게 된 딘 라너 소장이 제일 먼저 한 일은 새롭게 동원된 기갑여단을 동원하여 나페크에 진입한 시리아군을 격퇴하는 일이었고 저녁 내내 치열한 전투 끝에 가능할 수 있었다. 다음 표적은 시리아군의 전방기지면서 보급창고였던 후쉬니아였다. 그는 전차를 진격해 후쉬니아에서 시리아 전차와 치열한 격전을 벌였다. 승패는 안갯속에 있었고 전황은 예측할 수가 없었다.

이 시각 이스라엘 방어선을 뚫고 거침없이 요르단강으로 진격하고 있던 최남단 시리아군에게 새로운 명령이 하달되었다. 당시 골란고원 최남단으로 2개의 시리아 전차부대가 각각 아리크 다리와 갈릴리 호수로 진격하고 있었는데 이들이 갑자기 오후 5시부로 진격을 멈추기로 결정한 것이었다. 아마도 새로 동원된 이스라엘 방어군이 전방에 배치되어 있을 것이라는 두려움에 후속 부대를 기다리려 했던 것 같고 동시에 시리아군 자신도 예상하지 못했던 빠른 진격 속에서 흩어진 시리아군을 정비할 필요도 있었을 것이다.

하지만 당시 갈릴리 호수까지는 예상과 달리 무방비 상태로 있었다. 만약 시리아 최남단 군이 멈추지 않고 진격하여 뻥 뚫린 갈릴리 호수와 아리크 다리에 당도하여 강력한 방어 진지를 구축하였다면 이스라엘 지원 병력의 이동 경로와 보급선에 심각한 문제가 발생하여 이스라엘군은 큰 어려움에 봉착할 수 있었다. 하지만 시리아군은 남부 전선을 통한 전장의 확대 대신 뚫리지 않는 골란 북부 전선에 집착하는 결정을 하게 된다.

시리아의 국방장관 틀라스는 자신의 명령을 기다리고 있던 예비 전차대에 이미 이스라엘 내부를 휘젓고 다니고 있던 남쪽 부대를 지원하는 대신에 병력을 2개로 나누어 한 부대는 골란 북부 전선을 공격하게 하였고 또 다른 부대는 골란 중부지역인 라피드 지역으로 보냈다. 그의 이 결정은 결과적으로 실효성이 없었고 중요한 전략적 실수로 판명되었다.

10월 8일(월요일)

골란고원 북부 전선

밤새 카할라니 대대 부대원은 잠이 들지 않기 위해 얼굴에 물을 끼얹으면서 경계를 섰다. 다행히 시리아군은 밤새 조용했다. 아침이 되자 카할라니는 정찰을 위해 대대를 이끌고 전차가 널브러져 있는 '눈물의 계곡으로 내려가 대전차 호 주변으로 전진했는데 매복해 있던 시리아 보병이 발사한 새거 미사일과 시리아군의 포격에 전차 2대가 파손되었다. 그의 부대는 부랴부랴 다시 언덕으로 올라가 수비 진용을 짰다.

오후 늦게 눈을 다쳐 후방으로 이송된 요스 대대장이 어느 병사와 마찬가지로 병원에서 뛰쳐나와 전차 몇 대를 이끌고 카할라니 대대에 합류했다. 이에 카할라니는 2개 중대 중 1개 중대를 요스 중령에게 넘기고 그는 1개 중대를 이끌고 벤 갈 여단장이 있는 후방으로 이동하여 재급유와 포탄을 적재하였다. 이때 쿠네이트라 주변으로 시리아 전차의 이동이 감지되자 벤 갈 여단장은 그에게 쿠네이트라로 이동하여 그곳을 수비하도록 명령했다. 시리아군은 마치 쿠네이트라를 주(主) 돌파 장소로 삼은 듯 쿠네이트라 시내에 집중 폭격을 가하였으나 카할라니는 얼마 안 있어 시리아 전차 15대만 시리아 영역에서 어슬렁거리고 있음을 알게 되었다. 15대의 전차가 큰 위협이 되지 못할 거라 판단한 카할라니는 일부 수비 전차만 남겨두고 다시 여단 전술지휘소로 돌아왔다. 야간에 다시 쿠네이트라가 집중적으로 항공 공격을 받자 적의 주 공격로가 쿠네이트라가 될 것으로 판단한 그는 전차부대를 이끌고 다시 쿠네이트라로 향했고 그곳에서 밤새 수비 진용을 짜고 기다렸다. 하지만 이러한 공격은 시리아군의 속임수였다.

시리아군은 늦은 밤 쿠네이트라가 아닌 또다시 눈물의 계곡과 부스터 능선 주변으로 대규모 포격에 이어 야간 공격을 시작했다. 쿠네이트라 공격은 미끼였던 것이다. 시리아군은 틀라스 국방장관의 결정에 따라 예비 부대까지 증강된 전차 수백 대가 쿠네이트라 북쪽으로 다시 돌격하였고 여기에 맞서 수비하던 요스 중령은 눈물의 계곡 고지에서 20여 대의 전차로 맞서 싸웠다. 전투는 밤새 이어졌고 힘겨웠다.

설상가상으로 이스라엘 포병의 조명탄이 다시 한 번 소진되면서 요스 중령은 야간 전투에 큰 어려움을 겪었다. 요스 중령은 첫째 날 카할라니 중령이 했던 것처럼 조명탄 지원을 요청하는 무전을 줄기차게 후방에 보냈다. 반면 야간 전투 장비를 갖추고 있던 시리아 전차는 그 이점을 활용하여 이스라엘군의 50m 앞까지 진격하였으나 이스라엘 전차병의 결사적인 저항에 많은 부상병과 전차를 남기고 퇴각하였다. 이스라엘 포병은 퇴각하는 시리아군에 강력한 포격을 퍼부었다.

시리아군은 극도의 피곤함이 몰려오는 새벽 4시를 택해 공격을 다시 시작했다. 그런데 전투 중 예상치 못한 사건이 발생했다. 아침이 다가오면서 시리아군의 공격을 이끌던 골란 북부 사령관 오마르 아브리쉬 준장이 이스라엘군의 정확한 포격에 그의 지휘 전차가 직격당하면서 목숨을 잃은 것이었다. 이 사건으로 시리아군의 지휘계통에 혼선이 발생했고 시리아군은 공격을 멈출 수밖에 없었다. 덕분에 이스라엘군은 귀중한 몇 시간을 벌 수 있었다.

골란고원 남부 전선(이스라엘군의 반격)

골란 남부 전선에서는 이스라엘군의 반격이 본격적으로 시작되었다. 새롭게 이스라엘 중심부에서 소집된 동원 기갑부대가 반격의 준비를 하기 시작했다. 반격은 아침 8시 30분 갈릴리 호수로 진격하는 시리아군에 대한 타격으로 시작되었다. 골란 전선에 새롭게 투입된 펠레드 준장이 이끄는 기갑부대는 갈릴리 호수로 진격하는 시리아 전차와 격전을 벌였고 시리아 전차 50여 대를 격파한 후 주하데르를 점령할 수 있었다.

한편 딘 라너 소장이 이끄는 이스라엘군도 아리크 다리로 진격하고 있던 시리아 군대에 반격을 가해 힘겹게 동진을 하고 있었다. 나페크에

서도 이스라엘군은 시리아군의 맹공을 가까스로 막아내고 천천히 남진
하고 있었다. 점차 시리아군은 이틀 동안 보여줬던 무서운 기세는 사라
지고 골란고원 내 전초기지인 후쉬니아로 몰리고 있었고 얼마 안 있어
이스라엘군에 에워싸일 처지에 놓이게 되었다.

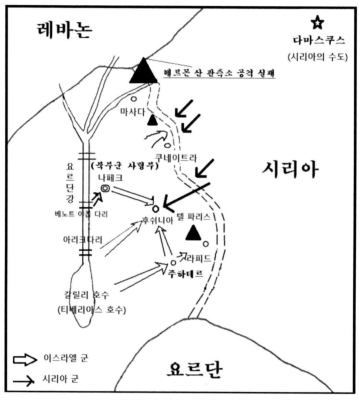

골란고원에서의 이스라엘군의 반격

이스라엘 공군도 개전과 함께 시리아의 SA-6 미사일 방공망에 예상치
못한 큰 타격을 입은 경험을 토대로 새로운 전술을 채택하였다. 이스라
엘 전투기는 미사일이 겨누고 있는 시리아군의 정면으로 날아가지 않고

레이더를 피하고자 남쪽의 요르단 상공을 저공 비행한 후 갑자기 북쪽으로 방향을 튼 다음 시리아 영토로 들어가 대공 미사일 부대의 측면에서 들이닥쳐 공격하기 시작했다. 이 전술이 상당한 효과를 발휘하면서 점차로 이스라엘 공군이 공중을 장악하기 시작했다. 이날 이스라엘 공군은 시리아 비행장에 폭격을 하기 시작했고 이후 일주일 만에 그 대부분을 사용할 수 없게 만들었다.

한편 아침에 헤르몬산 관측소를 재탈환하려는 이스라엘군의 시도는 이미 길목에 매복해 있던 시리아군의 공격에 전사자 22명과 부상자 50명이라는 커다란 피해를 남긴 채 실패하였다.

10월 9일(화요일)

골란고원 북부 전선

아침이 밝아오고 쿠네이트라 지역이 조용해지자 벤갈 여단장은 카할라니 부대를 여단 전술지휘소로 불러들여 예비대로서 임무를 부여한다.

아침 9시 태양이 이스라엘군의 눈을 향하자 엄청난 포격과 함께 시리아군의 전차와 장갑차량을 탄 보병이 다시 '눈물의 계곡'과 '부스터 능선' 쪽으로 밀고 올라오기 시작했다. 동시에 하늘 위에서 헬리콥터 4대가 요란한 소리를 내며 이스라엘군 머리 위로 날아왔으며 그 뒤로 추가로 4대가 전속력으로 날아왔다. 기관총으로 일제 사격이 이루어졌고 고지에 있던 요스 대대의 전차 사격으로 헬리콥터 1대가 격추되었다. 하지만 나머지 7대는 이스라엘군 후방으로 무사히 넘어가 대전차 무기로 무장한 보병을 내려놓기 시작하였다. 7기갑여단은 졸지에 앞뒤로 공격받는 신세가 되었다.

한편 정면으로 돌진하는 시리아군에는 소련제 최신 탱크인 T-62로 구성된 최정예 기갑여단인 아사드 공화국 수비대가 추가로 증편되어 200여 대의 전차로 구성된 강력한 공격부대가 되어있었다. 반면 이에 대항한 요스 대대는 기껏해야 20여 대의 전차를 보유하고 있었고 전날 밤의 격전으로 탄약도 부족한 실정이었다. 더욱이 시리아군의 엄청난 포격에 진지에서 더는 버틸 수도 없었다. 이에 벤 갈 여단장은 요스 대대에게 정상 부근의 전투 진지를 떠나 500m 후방으로 잠시 철수하도록 허락하였다. 하지만 이스라엘 전차가 후방으로 살짝 빠진 기회를 놓치지 않은 시리아군은 전속력으로 진격하여 이스라엘 전차 진지를 점령해 버렸다.

T-62 전차

다급해진 벤 갈 여단장은 부스터 능선 앞의 전방 진지를 지키고 있던 야이르 나프쉬 중령 전차 6대에 명령하여 부스터 능선 방어전에 참여하도록 명령했고 예비 부대로 대기하고 있던 카할라니에게도 명령하여 '눈물의 계곡' 고지로 이동하도록 명령했다.

카할라니는 자신의 전차를 포함한 9대의 전차를 가지고 선두에 서서 언덕을 오르기 시작했다. 고지 중턱에 머물며 보급을 받고 있던 요스 대대를 지나 고지 북쪽 와디[40]가 있는 지역으로 오르고 있었는데 전차 진지 300m 앞에 다다르자 갑자기 시리아 전차가 눈에 들어왔다. 시리아군이 전차 진지를 점령한 사실을 몰랐던 카할라니는 너무 놀랐고 적 전차는 너무 가까이 있었다. 너무 가까웠기 때문에 포수에게 조준할 필요도 없이 포를 쏘라고 명령했고 영문을 모르는 포수는 잠시 멈칫했다. 카할라니는 흥분한 나머지 '무조건 쏴'를 외쳤고 발사된 포탄은 바로 앞의 시리아군 전차에 직격하였다. 뒤이어 추가로 고지에 올라와 있던 시리아군 전차 3대가 카할라니와 그를 뒤따르던 그의 대대 전차에 의해 파괴되었다. 이때 카할라니는 처음으로 소련제 최신식 전차인 T-62를 직접 볼 수 있었다.

이제 이스라엘 전차는 '눈물의 계곡'에서 이스라엘 진지로 기어 올라오고 있는 시리아 전차와 뒤섞여 근접전을 벌여야 했다. 그리고 계곡 좌측에 있는 와디를 통해서도 많은 수의 시리아 전차가 기어 올라오고 있었다. 카할라니는 이스라엘군 좌측을 위협할 수 있는 시리아군 전차에 집중적으로 포격을 가해 잠시 동안 그들의 진격을 멈추게 할 수 있었다.

하지만 이러한 분전에도 상황은 매우 안 좋았다. 벤 갈 여단장은 상황이 매우 급박하게 돌아가자 고지 지역에 있던 요스 대대의 잔여 병력을 포함한 모든 지휘권을 카할라니 중령에게 부여하였다. 그리고 북쪽의 라테스 중령에게도 북쪽 지역을 방어할 3대의 전차만 남겨두고 8대의 전차를 이동시켜 '눈물의 계곡'을 방어하도록 명령했다. 하지만 카할라

---

40 건조지역에서 호우 시에만 발달하는 일시적인 하천이다. 평상시에는 거의 말라 있다.

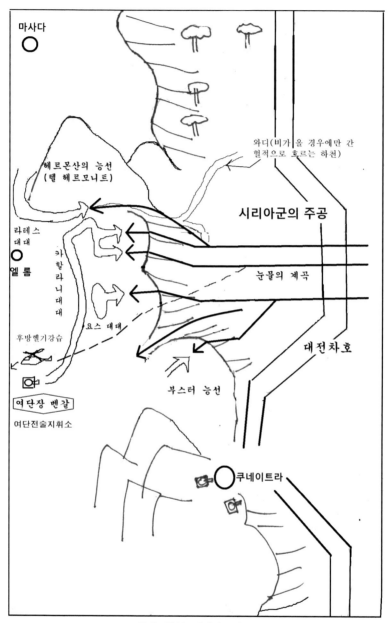

마사다

헤르몬산의 능선
(텔 헤르모니트)

와디(비가 올 경우에만 간
헐적으로 흐르는 하천)

시리아군의 주공

라테스
대대

엘롬

카할라니대대

눈물의 계곡

요스 대대

후방헬기강습

대전차호

여단장 벤갈

부스터 능선

여단전술지휘소

쿠네이트라

골란고원 북부에서의 공방(2)

니는 이러한 지원부대를 통합 지휘하는 데에 어려움을 겪었는데 각 대대는 원래 서로 다른 무선망을 사용하였기 때문이었다.

그는 같은 계급이지만 예전에 자신의 상관이었던 라테스 중령이 도착하자 북쪽 와디에서 올라오는 적을 막아 달라고 부탁하였고 옛 상관은 흔쾌히 수락하였다. 카할라니가 중대장 재직 시 라테스는 그의 상관이었으며 라테스의 전차 승무원이었기 때문에 카할라니는 라테스 중령을 어려워하였다.

측면의 안전을 보장받은 카할라니는 휘하의 나머지 전차에 돌격명령을 내려 고지의 전차 진지를 다시 회복할 심산이었다. 이스라엘군은 아직도 고지에서 300m 후방에 있었다. 그런데 얼마 안 있어 와디 지역을 책임지던 라테스 중령이 불행하게도 시리아 전차의 직격탄을 맞아 전사했다. 이에 놀란 라테스 대대가 뒤로 슬금슬금 후퇴하기 시작했다. 카할라니는 무전을 이용해 공포에 질린 그들의 후퇴를 가까스로 막았지만, 그들 중에는 포탄이 다 떨어져 아무것도 할 수 없는 '빈 깡통' 전차도 있었다. 하지만 전차 한 대라도 아쉬운 상황에서 카할라니는 그 전차에게도 자리를 지키도록 명령하였다.

사방에서 공격을 받고 있던 7기갑여단은 360도 모든 방향에서 전투를 벌이고 있었다. 모든 전차와 소규모 단위 부대는 서로 각개 전투를 벌이고 있었고 전투 간 통제나 확인은 거의 불가능했다. 설상가상으로 지원 나온 이스라엘 공군기 2대가 그들을 적으로 오인해 폭탄을 떨어뜨렸다. 카할라니는 무전으로 이스라엘 공군의 폭격을 가까스로 중지시켰다.

골란 고지에 올라온 시리아 전차가 어느 정도 파괴되고 전투가 잠시 소강상태에 빠졌다. 카할라니가 주변의 남아있는 이스라엘 전차를 파악해 보니 총 10대만이 생존해 있었는데 그 숫자도 그나마 다른 방어 지역보다는 나은 편이었다. 그의 시야 밖 방어선에서는 전차 2~3대로 방어전을 펼치고 있다는 절망적인 무전 내용이 계속 들려왔기 때문이었다. 특히 부스터 능선을 지키고 있던 중대는 단 3대의 전차로 가까스로 버티고 있었고 탄약도 거의 떨어지고 있었다. 더구나 이스라엘 전차 승무원은 4일 밤낮으로 전투를 하면서 지칠 대로 지쳐 있었고 체력적 한계는 극에 달해 있었다.

이때 벤 갈 여단장에게서 희망적인 무전이 왔다. 증원부대가 오고 있다는 것이었다. 1개 중대는 눈물의 계곡 쪽으로 또 하나의 중대는 부스터 능선으로 가고 있다는 것이었다. 얼마 후 증원된 1개 중대가 눈물의 계곡 남쪽 지역에서 반격하는 것을 본 카할라니는 고지를 점령할 시점이라고 생각했다. 그는 잠깐의 시간 동안 이미 7대로 축소된 주변의 전차를 독려하기 위해 다음과 같이 무전을 하였다.

"여기는 대대장, 저기 앞에 보이는 언덕으로 기어오르는 시리아 병사의 용기를 보라. 도대체 우린 어떻게 된 것인가? 우리는 적보다 강하지 아니한가? 자! 전진을 개시하라. 내 옆으로 나란히 전개하여 같이 나아가자. 수기를 흔드는 게 나다. 전진!"

그는 전차 밖으로 몸을 내놓고 수기를 흔들며 앞으로 나아갔다. 그리고 그의 명령이 효과를 발휘하기 시작했다. 그전까지 전진을 지시해도 들은 체 만 체하며 겁에 질려 시리아 전차가 속속 기어오르는 언덕 앞으로 나아가길 주저하던 전차들이 그의 뒤를 느리지만 따르기 시작한 것이었다.

"멈추지 마라! 정지해선 안 된다! 계속 이동하라!"

카할라니의 갑작스러운 돌격 작전은 완전한 대성공이었다. 무방비 상태의 언덕을 기어오르던 시리아 전차는 갑자기 언덕 위에서 나타난 이스라엘 전차에 기겁했다. 높은 언덕 위 전차 진지를 점령하고 사격하는 이스라엘 전차에 의해 수십 대의 시리아군 전차는 엄폐물도 없는 곳에서 속절없이 격파되기 시작하였다. 일부는 이스라엘군에게 대응 사격을 가하였고 일부는 전차를 버리고 도주하기 시작했다. 이스라엘군도 전차 3~4대가 격파되어 피해를 보았지만, 전투의 주도권은 완전히 이스라엘군에게 넘어왔다. 벤 갈 여단장은 카할라니에게 무전으로 그가 이스라엘을 구한 영웅이라며 감격스러워했다.

부스터 능선에서도 엄청난 일이 벌어지고 있었다. 부스터 능선을 지키고 있던 3대의 전차 중 1대는 파괴되어 이젠 2대가 남아있었으나 그중 1대는 탄약이 떨어져 버렸다. 더는 희망은 없었다. 시리아 전차는 부스터 언덕 정면과 좌측으로 기어 올라왔고 그들을 향해 죽음의 포격을 가할 시점이었다. 그 순간 모든 걸 체념한 이스라엘 전차병 눈앞에서 갑자기 시리아 전차가 엄청난 폭음과 함께 파괴되기 시작했다. 부스터 남동쪽 언덕에서 그렇게 기다리던 지원병력 1개 중대가 나타난 것이었다.

이 중대를 이끌고 있던 장교는 벤 하난 중령으로 전쟁이 개시된 시점에는 히말라야에서 신혼여행 중이었다. 그는 전쟁 소식을 듣자마자 바로 귀국하여 전선으로 달려왔는데 당시 골란고원 후방에서는 수리반원이 밤낮으로 일하며 파손된 전차를 수리하여 가까스로 '굴러가는' 전차 13대를 만들었다. 그리고 전차 승무원은 전투 중 한차례 부상당했으나 병원에서 뛰쳐나온 이들로 구성되어 있었다. 병원에서 한 의사가 병상에서 일어나 전투복을 입고 있는 그들을 보고 무엇을 하고 있느냐고 물었는데 그들은 "전장으로 다시 돌아갈 준비를 하고 있습니다."라고 대답하였다.

이에 의사는 당황하며 말했다.

"당신들이 전장으로 다시 돌아갈 거라면, 나는 의사로서 배운 모든 것을 잊어버리는 것이 차라리 낫겠소."

이렇게 구성된 벤 하난의 전차부대 13대가 부스터 능선으로 달려온 것이었다. 승리를 코앞에 두고 갑자기 들이닥친 이스라엘 전차와 그들의 포격에 놀란 시리아 전차는 혼비백산했고 30대의 전차가 그 자리에서 격파되었다. 시리아군은 여전히 수적으로 우세했지만 단 13대의 전차에 놀라 후퇴하기 시작하였다. 그들에게는 이스라엘군의 전차가 지속적으로 도착할 거라는 두려움에 휩싸였고 전의가 사라졌다. 훗날 벤 갈 여단장은 이렇게 말했다.

"상대방이 어떤 처지인지는 알 수 없는 법입니다. 언제나 자기보다 나으려니 생각하기 마련이죠. 시리아인은 성공의 기회가 사라졌다고 헛짚었던 게 분명합니다. 그들은 우리가 절망적인 상황이라는 사실을 몰랐어요."

7기갑여단의 생존자는 80시간 동안이나 잠을 자지 못한 채 50시간 이상을 계속해서 싸웠다. 그들은 전차 250대를 포함한 500대의 기갑차량을 격파했다. 이것은 이스라엘군이 지형적 유리함을 갖고 싸운 결과

이기도 하지만 이곳이 뚫리면 이스라엘이 위험해진다는 강인한 임전무
퇴 정신이 낳은 결과였다. 이후 이 전투의 공로를 인정받아 여단장인 벤
갈 대령은 소장으로 진급했으며 카할라니 중령은 이스라엘의 최고 무공
훈장인 용맹 훈장을 받았다.

벤 하난 중령(왼쪽)과 카할라니 중령(오른쪽)
골란 방어작전 성공 직후 찍은 기념사진이다.

　오후에 대전차 무기로 무장하여 헬기로 후방을 침투한 시리아군과 텔
헤르모니트 좌측으로 침투한 시리아 보병이 합세하여 텔 헤르모니트 좌
측과 엘롬에서 이스라엘군을 공격하기 시작했다. 이스라엘군은 1개 전
차 중대와 보병을 함께 보내 격퇴하려 했는데 숲과 돌 뒤에 숨어 RPG-7
으로 무장하고 기다리고 있던 시리아군의 매복 공격에 괴멸에 가까운 타
격을 받았다. 이에 이스라엘군은 헤르몬산에 주둔하고 있던 보병부대인

골라니 여단을 추가 투입하여 가까스로 시리아군을 제압할 수 있었다.

골란고원 남부 전선

골란 남부 전선에서는 펠레드 준장이 주하데르에서 북진하기 시작해 시리아군 전초기지인 후쉬니아를 압박해 들어가기 시작했다. 그리고 부하에게 일부 전차 병력을 떼주어 동쪽 방향인 라피드 주변의 퍼플라인까지 진격하도록 하였다. 새벽에 시작된 이 작전 와중에 텔 파리스 주변에 고립되어 버티고 있던 에레즈 중령 휘하의 전차와 극적인 만남이 이루어졌다.

후쉬니아 남부에서는 전차 50대로 구성된 시리아군이 북진하는 펠레드 부대에 역습을 가했으나 이스라엘군은 이 공격을 잘 막아내었다. 결국, 후쉬니아를 딘 라너 소장의 부대가 북쪽과 서쪽, 그리고 남쪽에서는 펠레드 준장의 부대가 압박이 가능해지면서 후쉬니아를 삼면에서 포위할 수 있게 되었다.

당시 시리아군을 이끌고 있던 1기갑사단장 주니는 후쉬니아에 갇혀 이스라엘군의 추가 전진을 막으며 근근이 버티고는 있었지만, 이스라엘군의 공중 폭격과 곡사포 공격에 시달리고 있었고 선택의 시간이 다가오고 있었다. 시리아 국방장관 틀라스는 이 포위망을 와해시키기 위해 증원부대를 보냈지만, 고지대인 텔 파리스를 점령하고 길목을 관찰하고 있던 이스라엘 전차에 의해 격파되면서 포위망을 무력화하고자 했던 희망은 사라져 버렸다.

한편 전쟁에서 밀리면서 절박해진 시리아는 이스라엘 내지로 10여 기의 미사일을 발사했다. 이에 이스라엘 공군은 시리아 방공망과 연계된 레바논의 바쿠르 레이더 기지를 파괴하였다. 이어서 전투기가 시리아 정유산업과 발전체계에 대대적인 공격을 가했으며 여러 정유시설과 유류 저장소를 파괴하여 시리아가 몇 년 동안 경제적으로 어려움에 처하도록 하였다. 또한, F-4 팬텀 8대가 다마스쿠스의 공군사령부를 폭격하여 잿더미로 만들어 버림으로써 시리아군 수뇌부를 공포에 떨게 하였다. 이것으로 이스라엘 지휘본부는 이스라엘을 공격한 대가가 무엇인지 시리아에 다소 거칠게 전달하였다.

10월 10일(수요일)

시리아군은 전세 역전을 위해 그동안 다마스쿠스 등 주요 도시 등의 방공 임무만 맡아오던 시리아 공군의 전투기를 대거 출격시켜 골란고원 상공에서 이스라엘 공군과 개전 이후 최대의 공중전을 벌였다. 하지만 언제나 그렇듯 훈련이 잘 된 이스라엘 공군에 의해 시리아 공군은 별다른 소득도 없이 많은 전투기를 잃고 물러날 수밖에 없었다.

골란 남부 전선에서는 북쪽과 서쪽 그리고 남쪽에서 후쉬니아의 시리아군을 포위한 이스라엘군의 총공격이 시작되었다. 시리아군은 격렬한 항공 공격과 곡사포 그리고 삼면에서 밀고 들어오는 이스라엘 전차에 속수무책으로 밀렸고 살아남은 병사는 무기를 버리고 시리아 영토 쪽으로 열려 있는 동쪽으로 내빼기 시작했다. 딘 라너와 펠레드가 후쉬니아를 점령했을 때 파괴된 시리아군의 전차, 트럭 등이 나뒹굴고 있었고 급하게 버리고 간 멀쩡한 전차와 보급품 그리고 수천 대의 차량을 볼 수 있었다. 후쉬니아에서만 시리아군 2개 여단이 전멸하였다. 이제 퍼플라인 서쪽으로는 헤르몬산 관측소를 점령한 시리아군 병력 빼고는 남아있는 병력이 하나도 없게 되었다. 시리아는 전쟁에서 패배한 것이 자명해졌다. 이 소식은 초전에 이스라엘 영토 남북 방어선이 돌파되면서 핵무기 카드까지 만지작거렸던 이스라엘 내각에 곧바로 전해졌고 골다 메이어 총리와 이스라엘 내각은 환호하였다.

하지만 환호도 잠시 그다음 계획과 관련해서 이스라엘 내각은 어려운 결정을 해야 했다. 저녁 10시 이스라엘 최고사령부 회의가 열렸다. 의제는 이스라엘군이 퍼플라인을 넘어 시리아 영토로 진격해 전쟁 도발에 대해 응징을 할 것인가 아니면 여기서 시리아와의 전쟁을 끝내고 이집트와 교전 중인 시나이 전선에 집중할 것인가였다. 만약 응징한다면 이스라엘군이 괴멸 직전에 있는 시리아군의 저항을 손쉽게 뚫고 다마스쿠스로 진격하여 이스라엘에 적대적인 아사드 정권을 붕괴시키는 것이 가능할 수도 있었다. 하지만 이러한 전개는 시리아의 우방인 소련의 개입을 가져올 것이 분명했다. 그렇다고 응징을 안 하는 것도 이스라엘의 생리에 맞지 않았다. 이에 골다 메이어 내각은 퍼플라인을 넘어 시리아 영토로 진격하되 장사정포로 다마스쿠스가 사정거리가 되는 20㎞ 지점까지만 진격하여 시리아 정부를 강하게 압박하는 '제한된 진격전'을 결정했다.

이스라엘 내각의 결정을 전달받은 북부 사령관 호피 장군은 곧바로 골란 전선을 담당하고 있는 에이탄과 딘 라너에게 퍼플라인을 넘어 시리아 영토로 진격하도록 명령을 내린다. 이에 에이탄과 딘 라너는 시리아 방어선이 취약해져 저항이 가장 약할 곳으로 생각되는 골란 북부에서 시리아군의 방어선을 돌파하기로 했다.

구체적 작전은 에이탄은 텔 헤르모니트 북쪽 마사다 쪽에서 먼저 진격하고 딘 라너는 쿠네이트라에서 2시간 늦게 진격하기로 했다. 쿠네이트라 남부는 펠레드 준장이 맡아 퍼플라인의 방어선을 지킬 예정이었다. 에이탄 부대가 돌파하는 시간은 이스라엘군이 태양을 등지고 갈 수 있는 시간인 다음날(10월 11일) 오전 11시로 결정했다. 늦은 밤 지휘관 회의를 마친 벤 갈 여단장은 휘하 지휘관을 소집했다. 돌파부대의 중심은 새롭게 재편된 7기갑여단이었다. 그는 휘하 장교에게 다음과 같이 말했다.

"지금 우리 곁에서 사라져간 전우를 기억하라. 전 국민이 우리 뒤에서 이 공격 작전을 지켜보고 있으니 그들을 실망하게 해서는 안 된다."

전투에서 패하고 시리아군의 병력이 소진되자 방어전을 펼칠 수 없게 된 아사드는 주변 아랍국가에 절박하게 도움을 요청하기 시작했다. 여기에는 이미 시리아 국경선에 주둔하고 있었던 모로코 병력도 있었다. 아사드의 요청에 이라크와 요르단 그리고 사우디아라비아가 호응했다. 불과 며칠 만에 아사드는 전쟁의 승리자에서 패배자로 전락하고 수세에 몰리는 신세가 되었다.

10월 11일(목요일)

오전 11시 예정대로 마사다에서 출발한 벤 갈 대령의 7기갑여단은 퍼플라인을 넘어 시리아 영토로 진격하였고 시리아 1개 여단과 75대 정도로 구성된 모로코 1개 여단의 반격을 받았다. 하지만 7기갑여단은 격전 끝에 이들을 물리치고 돌파에 성공한다.

예상대로 소련은 이스라엘군이 시리아 영토로 진입하자 곧바로 반응했다. 소련은 다마스쿠스가 공격받을 시 소련군이 참전할 수 있다는 경고를 이스라엘에 보냈다.

쿠네이트라에서는 딘 라너 사단이 오후 1시에 퍼플라인을 넘어서 진격하기 시작하였다. 이들은 RPG-7으로 무장해 매복하고 있던 시리아 보병에 의해 큰 피해를 입었다. 전차부대는 이스라엘 보병이 이들을 격퇴해주고 나서야 앞으로 나아갈 수 있었다. 이후 변변한 저항 없이 진격하던 딘 라너 사단은 남쪽 10㎞ 지점에서 거대한 먼지 구름이 일고 있는 것을 발견했다. 대규모 기갑부대가 움직이고 있다는 증거였다.

딘 라너는 그것이 거의 소멸 상태인 시리아의 전차부대일 리는 없다고 생각했다. 그는 호피에게 무전을 보내 그것이 아군인지 확인했으나 이스라엘군 부대는 아니었다. 딘 라너는 얼마 안 있어 이라크군이 개입했음을 알게 되었다. 이라크 선봉 전차부대가 남쪽의 이스라엘군과 교전 후 17대의 전차를 잃고 후퇴하였기 때문이다. 첫 번째 교전에서 실패한 이라크 선봉대는 후방에서 오고 있는 본진 병력을 기다려 합세하기로 했다. 이라크군은 기계화 보병과 함께 180대의 전차를 보유한 대규모의 병력이었다. 딘 라너는 다마스쿠스로의 진격을 잠시 멈추고 적대적인 이 아랍국가의 전차부대를 막아야만 했다. 이스라엘군에게 힘겨운 싸움이 될 것이 틀림없었다.

10월 12일(금요일)

딘 라너는 자신이 동원할 수 있는 대부분 병력에게 명령하여 이라크의 공세에 대비하도록 남쪽으로 이동시켰고 부대를 이라크군이 진격할 것으로 예상되는 길에서 정면과 양쪽 측면에 배치하였다. 후방에는 야포를 대기시켰다. 그리고 기다리기로 했다.

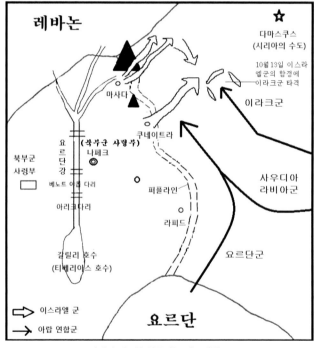

시리아 영토를 침공하는 이스라엘군

10월 13일(토요일)

이른 아침 후방부대와 합류한 대규모의 이라크군은 예상대로 이스라엘군의 앞을 가로막기 위해 200대가 넘는 전차와 장갑차가 거대한 먼지를 일으키며 북쪽으로 이동하기 시작했다. 이들은 자신들이 이스라엘군의 '아가리'로 들어가고 있음을 인지하지 못하고 있었다.

인내심 있게 적을 기다리고 있던 이스라엘군은 그들이 원하는 '사격장' 안으로 이라크군이 들어오자 삼면을 감싸고 있던 전차 200대와 야포 50문을 동시에 발사해 불을 뿜기 시작했다. 순식간에 벌어진 이 집중포화에 이라크군은 단 몇 분 만에 전차 80대를 잃었다. 살아남은 전차는 혼비백산하여 기수를 돌려 전속력으로 꽁무니를 빼고 도망갔다. 엄청난 패배였다. 이스라엘은 한 대의 전차도 잃지 않았다. 이후 이라크군은 단독으로 작전을 수행하는 것을 포기하고 아랍 연합군과 같이하기로 한다.

하지만 이라크군의 개입이 아무 소득이 없었던 건 아니었다. 이스라엘군이 이들을 막기 위해 잠시 진격을 멈춘 사이에 시리아군은 다마스쿠스로 가는 길목에 방어선을 만들 수 있는 시간을 벌 수 있었다.

얼마 후 사우디아라비아의 참전도 이스라엘군에게 인지되었다. 소련제 무기만 쓰고 있던 시리아와는 달리 서방의 무기를 쓰고 있던 사우디아라비아의 무기가 전투지역에서 노획되었기 때문이었다. 한편 요르단의 후세인 국왕은 10월 9일부로 참전을 결정하였다. 사실 그는 6일 전쟁의 경험 때문에 이 전쟁에 휘말리기를 주저하였다. 시리아와 이집트에 강한 불신을 가지고 있었고 요르단의 수도가 이스라엘 국경선과 매우 가까이 있었기 때문이었다.

하지만 아사드의 요청과는 별개로 이스라엘의 이웃 국가로서 대(對)이스라엘전에 참전을 안 한다면 여론이 아랍의 배신자로 몰 것이 뻔한 일이었고 그로 인해 요르단 왕정이 불안해질 수 있었다. 그는 고민 끝에 6일 전쟁 당시 이스라엘에 빼앗겼던 '요르단강 서안지구'를 공격하는 대신 시리아 영토 내에서의 군사작전을 결정하였다. 만약 이스라엘 영토를 공격하다 실패했다가는 이스라엘군이 요르단으로 진격하는 명분을 줄 수 있었다. 하지만 단순히 아랍 우방의 방어를 위해 군대를 파견하는 것은 요르단이 이스라엘의 직접적인 분노를 피하는 방법이 될 수 있었다. 그는 10월 13일 요르단 병력 4,000여 명과 센츄리온 전차 150대를 시리아로 파견하였다.

이스라엘군은 시리아 영토로 M-107 자주포를 이동시켜 다마스쿠스 군용 비행장을 포함하여 다마스쿠스 외곽을 포격하였다. 아사드는 자신이 머무는 도시 주변으로 이스라엘군의 포탄이 떨어지자 간담이 서늘해졌다. 그는 이집트 사다트에게 이스라엘군의 전력을 돌리기 위해 이집트군이 남부에서 전선을 확대해 달라고 요청하기 시작했다.

이 내키지 않은 요청에 사다트는 망설였지만 결국 동맹국의 요청을 거절할 수 없었던 그는 위험한 명령을 내릴 수밖에 없었다.

10월 14일(일요일)

이집트군은 대규모 기갑부대로 시나이 사막에서 이스라엘군 진영으로 돌격을 시작했지만 이미 방어준비를 마친 이스라엘군의 효과적인 방어에 대실패로 끝났고 이집트군이 입은 전차의 손실은 남부 전선의 승패를 바꾸는 원인이 되었다.

요르단군이 전선에 도착했다. 요르단군은 이라크군의 지휘하에 들어갔고 대규모의 반격을 준비하기 시작했다.

10월 15일(월요일)

오후에 딘 라너가 먼저 군대를 움직여 아랍 연합군을 공격하나 큰 성과는 없었다.

10월 16일(화요일)

새벽 5시 요르단군은 소규모의 사우디군과 합세해 공격에 나섰다. 요르단군은 1차 저지선을 뚫고 진격할 수 있었지만 결국 이스라엘군의 저항에 전차 20대를 잃고 퇴각할 수밖에 없었다. 5시간 뒤 이라크군이 이스라엘군을 공격하였지만 큰 성과를 거둘 수 없었다. 설상가상으로 아랍 연합군 지휘체계에 문제가 생기기 시작했다. 시리아 진영으로 파견된 요르단군이 시리아군의 지휘 아래 놓였는데 문제는 시리아군 지휘관은 대령인 데 반해 요르단군 지휘관은 준장이었다. 이들 사이에 심한 언쟁이 발생했고 지휘체계에 문제가 생기기 시작했다. 아랍 연합군은 일사불란한 공격이 이루어지지 않았고 서로에 대한 정보 부족으로 지상군이 아랍군 전투기에 사격을 가하거나 아랍 동맹군 전투기끼리 공중전을 벌이기도 했다.

10월 17일(수요일)

전선이 소강상태를 보이자 이스라엘군은 시리아로 돌출된 점령지의 남쪽을 방어하고 있던 딘 라너 사단을 이동시켜 골란 남부로 이동시켜 쉬게 하고 대신 골란 남부를 수비하고 있던 펠레드의 부대를 이라크, 요르단 아랍 연합군과 대치하고 있는 곳으로 이동시켰다. 오랜 전투로 지쳐 있는 부대를 대신해 새 부대를 배치한 것이었다. 이스라엘군은 더는 진격하지 않고 수비로 전환했으며 여유의 부대를 남부 이집트와의 전선으로 보내기 시작했다. 이스라엘 공군도 상당 부분 남부 전선에 투입되기 시작하였다.

반면 아랍연합국의 병력은 증원되기 시작하였다. 아랍국가의 추가 병력이 속속 시리아에 도착하고 있었고 이라크도 대규모의 추가 부대를 파견하고 이동 중이었다.

10월 20일(토요일)

아랍 연합군이 대공세를 펼쳤다. 7시간의 교전 끝에 이라크 전차 60대와 요르단 전차 12대가 파괴되면서 실패하였다.

10월 21~22일(일요일~월요일)

아랍 연합군의 또 다른 대공세는 10월 21일 시작할 계획이었지만 이라크군이 준비가 덜 되어있는 탓에 하루가 연기되어 22일 공격하기로 했다. 하지만 공격하기 직전 UN 안보리의 정전 안이 받아들여지면서 공격은 이루어지지 못했다.

21일 이스라엘은 전략적으로 중요한 헤르몬산의 관측소를 탈환하기로 결심한다. 이곳은 여전히 시리아 정예 공수부대가 점령하고 있었는데 공수부대원들은 자신들의 군대가 패퇴하여 물러나는 것을 직접 관측소에서 볼 수 있었다. 하지만 자신들이 고립되었다는 것을 알고 있었음에도 퇴각하거나 항복하지 않고 완강히 저항하고 있었다.

산 밑에서는 이스라엘군이 3개 부대로 나뉘어 산을 오르기 시작했고 이스라엘 공수부대는 하늘 위에서 관측소 주변으로 낙하하였다. 위와 아래에서 공격당한 헤르몬산 관측소의 시리아군은 격렬히 저항하였으나 22일 오전 11시경 관측소는 이스라엘군에게 함락되었다. 공격 과정에서 이스라엘군은 51명이 전사하고 100명이 부상을 당했으나 골란에서의 마지막 승리의 기쁨을 누릴 수 있었다.

저녁에 시리아는 UN 안보리의 정전 안(案)을 받아들였다. 이후 하루 동안 서로 간의 포격전이 있었지만 이후 포격을 멈추었고 전쟁은 종결되었다. 이스라엘과 시리아는 서로 간 '정전협약'을 미루다가 6개월 여가 지난 1974년 5월 31일에서야 협약에 사인했다. 이스라엘군은 퍼플라인 서쪽으로 물러나기로 합의했고 과거 퍼플라인이었던 지역에서 이스라엘 쪽으로 더 들어간 기다란 종심으로 형성된 지대에는 1,200명 규모의

UN 감시단이 순찰하는 중간지대를 두기로 하였다.

전쟁에서 시리아는 전사자 3,100명과 부상자 6,000명, 전차 1,150대가 파괴되었다. 이라크는 전사자 278명, 부상자 898명을, 그리고 전차 200대를 잃었다. 요르단은 전사자 23명, 부상자 77명에 전차 50여 대를 잃었다. 이스라엘은 전투기 조종사를 포함해 전사자 772명, 부상자 453명이었으며 파괴된 전차는 재활용된 경우가 많아 정확히 집계할 수 없었다.

시나이반도 전투

6일 전쟁 후 시나이 사막과 수에즈 동안을 장악한 이스라엘군은 운하를 경계로 이집트군과 대치하게 되었다. 이스라엘은 적은 부대로 이집트군의 도발을 막을 방법을 고민하게 되었다. 인구가 적은 이스라엘에게는 대규모의 주둔 부대를 수에즈 운하에 전개해놓는 일은 부담스러운 일이었고 경제적으로도 젊은이가 회사가 아닌 국경선에 몰려있는 것은 바람직하지 않았다. 이에 이스라엘은 중국의 '만리장성'과 같이 물리적 장벽을 생각하게 되었다. 그리고 그들은 수에즈 운하 동안에 모래방벽을 쌓기 시작했다. 하지만 중국의 '만리장성'이 북방민족으로부터 중국을 보호해줄 거라는 중국인의 '헛된 꿈'은 이스라엘군도 똑같이 경험하게 될 것이었다.

6일 전쟁 당시 참모총장이었던 바레브 장군의 이름을 딴 바레브 라인은 수에즈 운하를 따라 남북으로 160㎞를 관통하며 쌓은 모래언덕이었으며 어떤 지점은 그 높이가 24m[41]에 이르렀고 경사각은 45~60도로 가파르게 설계되었다. 그 뒤로 '마오짐'이라고 불리는 소대 단위의 방어 진지가 일정한 간격으로 30곳에 설치되었고 '마오짐' 주변에는 온통 지뢰를 매설하고 철조망을 설치했다. 그 뒤 8~11㎞ 뒤에는 전차와 포병 진지로 제2의 요새진지를 건설하여 전방의 마오짐을 지원하고 동원예비군이 도착할 때까지 그 지역을 수비하는 역할을 하도록 했다.

이스라엘군은 이집트군이 공격하더라도 바레브 라인의 모래언덕과 그곳을 지키고 있던 소규모의 병력에 의해 최소 1~2일은 이집트군을 막을 수 있을 거라 굳게 믿었다. 이런 자만심으로 인해 이스라엘군은 바레브 라인을 고작해야 예비군 468명이 방어 진지 16개소[42]에서 전차 290대와 야포(곡사포) 52문 그리고 6개의 대공 포대의 지원을 받으며 기다란 수에즈 동안을 방어하고 있었다.

이에 대항해 이집트군도 이스라엘군의 모래방벽에 대항하고 그들을 감시하기 위해 수에즈 서안에 이스라엘군 모래언덕보다 높은 39미터짜리 모래언덕을 쌓아 올렸다. 이집트군은 31만의 군대에 전차 2,200대 및 기타 장갑 전투차량 2,400대, 야포 4,000문 그리고 이스라엘 공군을 무력화시킬 무기인 SAM 포대 150개와 대공화기 2,500문이 전쟁 개시를 기다리고 있었다.

10월 5일 밤, 수십 개의 정찰대가 이스라엘군의 동향을 관찰하기 위

---

41 아파트 1층을 2.4m로 잡을 경우 10층 높이 정도 된다.

42 전체 방어 진지는 30개였지만 인력과 경제적 이유로 모두 운영하지는 않았다.

해 운하 건너편으로 침투했다. 그리고 그들은 평온한 이스라엘군의 일
상생활을 확인할 수 있었다.

10월 6일(토요일)

공격 개시 30분 전인 오후 1시 30분 카이로 라디오는 갑자기 정규방
송을 중단하고 이스라엘군이 홍해 연안의 자파라니를 습격했다는 허위
뉴스를 내보냈다. 30분 뒤인 오후 2시 라디오에서는 이집트군이 반격을
통해 수에즈 운하를 건너고 있다고 발표했다. 전쟁이 시작되었다.

이집트 전투기 222대가 엄청난 굉음과 함께 운하를 넘어 목표물을 폭
격하기 시작했고 이스라엘의 수도 텔아비브에도 미사일 2기가 발사되었
다. 동시에 운하 지대에는 2,000문 이상의 야포가 바레브 라인을 불구
덩이로 만들기 시작했는데 전쟁 개시 1분 동안에만 포탄 1만 500발이
이스라엘 방어 시설을 폭격했다. 이집트 공군은 이스라엘의 대공포와
전투기에 의해 비행기 5대를 잃었지만, 이스라엘 방어군을 공황상태로
빠뜨리는 데 성공했다. 이스라엘군의 통신 시설과 미사일 포대, 그리고
방어 진지 등이 무참하게 격파되었다.

그러나 이때 격추되어 사망한 이집트 파일럿 중에 사다트의 동생이
있었고 사다트는 나중에서야 이 사실을 알게 된다.

이집트 보병 4,000여 명은 이집트 진영 쪽의 모래언덕에서 쏟아져 나
와 720척의 고무보트를 타고 바레브 라인에 있는 이스라엘 방어 진지
틈 사이로 노를 저으며 수에즈 동안으로 건너가기 시작했다. 목숨 건

초기 도하팀은 엄청난 양의 연막탄의 안갯속에서 '알라 아크바르(Allah Akbar, 신은 위대하시다)'라고 합창을 하면서 이스라엘군의 맹렬한 기관총 사격 속으로 돌진해 들어갔고 공격 개시 6분 만에 성공적으로 이스라엘 쪽 모래언덕에 상륙할 수 있었다.

초기 도하팀이 성공적으로 수에즈 동안에 이르자 중화기반 부대가 뒤를 이어 속속 건너가기 시작했다. 하지만 운하를 성공적으로 도하한 후 그들이 마주쳐야 했던 것은 모래와 자갈로 이루어진 방벽이었다. 이러한 방벽은 보병의 경우 개인화기를 가지고 힘겹게 기어 올라갈 수 있었지만, 중화기와 중장비가 이동하는 것은 불가능하였다. 방벽은 주로 모래로 이루어져 있었기 때문에 화약을 폭파한다고 해도 큰 소용이 없었고 그렇다고 보병이 삽으로 일일이 퍼서 제거했다가는 시간이 너무 오래 걸려서 도하팀이 모두 몰살될 것은 뻔한 일이었다. 이러한 난관은 이스라엘군이 방벽을 맹신하게 만든 이유이기도 하였다.

이에 이집트군은 비슷한 모래방벽을 후방에 만들어놓고 여러 가지 실험을 하였는데 어느 젊은 공병 장교의 아이디어를 실험에 본 결과 놀라운 결과를 얻어냈다. 이집트군이 찾아낸 최고의 도구는 고압 호스였으며 이 호스로 강력한 물대포를 발사해 모래를 밀어내는 것이었다. 이 방법은 방벽을 제거하는 데 시간을 크게 단축시키면서 이스라엘군이 기대하던 방벽의 효과를 없애버렸다. 이집트는 발전기로 작동하는 고압 펌프를 '카이로 소방국'을 통해 영국과 서독에서 대량 구매하여 이스라엘 정보국(모사드)의 의심을 피했다. 이집트 공병은 수입한 고압 펌프를 이용하여 하루에 2번씩 비슷한 규모의 모래방벽을 놓고 끊임없이 반복 훈련하였으며 3~4시간이면 방벽에 통로 하나를 만들 수 있게 되었다.

이처럼 도하 첫날 이집트군은 미리 준비한 고압 호스로 모래방벽을 제거하기 시작했고 그와 동시에 수에즈 운하에는 중장비가 건너갈 수 있는 부교(물에 뜨는 다리) 10개가 설치되기 시작하였다. 오후 6시쯤 3만 2천여 명의 병력이 운하를 성공적으로 건널 수 있는 토대가 마련되었고 우선적으로 새거와 RPG로 무장한 대전차 요원이 내륙으로 들어가 교두보를 확보하여 곧 들이닥칠 이스라엘 전차부대를 기다렸다. 이후 중장비가 부교를 통하여 이동하기 시작하였다. 이스라엘 공군은 이들의 도하를 막기 위해 긴급 출동하였으나 그들을 기다리고 있던 대공 미사일인 SAM 미사일에 의해 격추되기 시작했고 이집트군의 도하를 막는 데 실패하였다. 이집트군이 도하작전으로 치러야 했던 인명손실은 고작 200여 명에 불과했다.

이집트군의 기습공격에 허를 찔린 이스라엘군은 혼란에 빠져버렸다. 적군의 철저한 준비와 노력은 이스라엘군의 전쟁 시나리오를 휴지 조각으로 만들어버렸다. 그들이 이틀 정도는 굳건히 이집트군을 막아줄 거라 믿었던 모래 방벽은 허무하게 고압 호스 작전에 몇 시간 만에 무력화되었고 모래가 없어진 공간으로 대규모 이집트군이 몰려 들어오기 시작한 것이었다. 곧이어 대부분의 이스라엘군 강화 진지는 점령되거나 그 기능을 상실했다. 일부 이스라엘 전차와 강화 진지가 분전하였지만, 이집트군을 막을 수는 없었다. 사실, 이 당시 모든 강화 진지에 병사가 배치되어 있었던 건 아니었다. 이스라엘 수뇌부는 강화 진지의 효용성을 의심했고 후방에 배치된 전차부대의 기동성이 더 방어에 효과적이라고 생각했다. 그래서 반 정도의 강화 진지는 비어 있는 상태였다.

이스라엘군은 저녁 무렵 공군과 함께 2선에 있던 기갑부대를 바레브 라인으로 진격시켜 이집트군을 수에즈 서안으로 다시 밀어내려고 하였다. 이스라엘군 지휘부는 비록 기습공격으로 타격을 받았지만, 과거

6일 전쟁과 같이 무기력한 아랍국가의 군대를 시나이에서 제압할 수 있다고 믿었다. 하지만 그들을 기다리고 있던 것은 전차부대나 일반 보병부대가 아니었다. 대전차 무기로 무장한 이집트 보병은 엄폐물에 숨어 이스라엘군을 기다리고 있었다. 의기양양하게 보병도 없이 전차 무리로만 진격하던 이스라엘 기갑부대는 갑자기 날아온 새거 미사일과 RPG 포탄에 하나둘씩 격파되었고 얼마 안 있어 1차 반격군의 전차부대는 사막에 흉물스러운 고철 덩어리 신세가 돼버렸다.

10월 7일(일요일)

아침이 다가오자 승패가 확실해지기 시작했다. 2선에서 반격을 시도했던 이스라엘 전차부대 중 제대로 수에즈 운하에 도달한 부대는 거의 없었다. 전세가 불리함을 느낀 이스라엘군은 바레브 라인의 모든 강화 진지에서 병사의 철수 명령을 내렸다. 절망적인 상황에서도 끝까지 저항하던 바레브 라인의 살아남은 병사는 명령에 따라 항복하거나 가까스로 탈출하였다.

다급해진 이스라엘 수뇌부는 상대적으로 잘 버티고 있던 골란고원보다는 1차 방어선이 무너진 이집트 전선에 이스라엘 공군을 집중적으로 배치키로 했다. 이에 이스라엘 공군은 운하에 설치된 이집트군의 부교 파괴에 집중하였지만, 소련제 SA-2, SA-3 대공 미사일에 의해 큰 피해를 보면서, 효과적이지 못한 공격을 계속하고 있었다. 얼마 안 있어 골란 남부가 뚫렸다는 소식은 이스라엘 공군의 전력을 다시 골란으로 향하

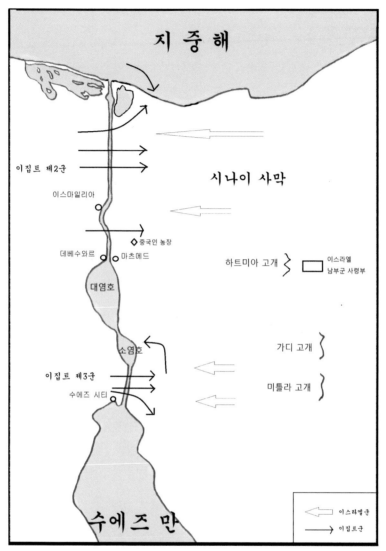

시나이반도에서의 이집트군의 공격

게 하였다. 이집트 전선은 수십km에 달하는 시나이 사막이라는 전략적
완충지가 있었지만, 골란고원은 이스라엘 도시를 내려다보는 곳이었다.

이집트군은 수에즈 동안 수 km를 점령하고 진격을 멈췄다. 이것이 원래 이집트군의 목표였다. 이집트군이 무작정 진격하다가는 촘촘하게 세워둔 방공망 밖으로 튀어나오게 되어있었고 그 기회를 이스라엘 공군이 놓칠 리 없기 때문이었다. 또한, 상대방은 '핵무기'를 가지고 있을 확률이 높았다. 이스라엘의 생존권을 위협하는 것은 이집트가 원하는 것이 아니었다. 이집트는 수에즈 운하를 완전히 통제하는 데 만족하고 있었다. 이집트군의 피해는 항공기 5대, 전차 20대, 전사자 208명이었다. 이집트군은 병력 9만 명과 전차 850대, 차량 1만 1,000대를 수에즈 동안으로 이동시켰다. 이집트군의 작전은 완전한 성공이었고 목표는 달성되었다.

이집트군은 외신에 그들의 전공을 알렸지만 '6일 전쟁'의 기억이 있던 기자들은 '헛소리'라고 생각했다. 하지만 얼마 안 있어 미국과 소련은 정찰위성을 통하여 이집트군의 말이 사실이라는 것을 알게 되었다. 미국과 소련은 둘 다 이 상황을 예상하지 못했다.

이스라엘군은 초기에 잃어버린 전차를 메꾸기 위해 2차 세계대전 당시 사용되었던 고물인 셔먼 전차를 창고에서 꺼내어 사용할 수밖에 없었다. 비록 오래된 구형이었지만 105밀리 전차포로 개량되었기 때문에 이집트나 시리아 전차를 파괴하는 데는 문제가 없었다.

저녁 무렵 엘라자르 장군은 이집트군을 분쇄하기 위한 작전 계획을 발표하였다. 2차 방어선인 가디고개와 미틀라 고개에 머물고 있던 이스라엘군은 기갑부대를 둘로 나누어 북부는 아단 소장이, 남부는 아리엘 샤론 소장이 이끌고 반격을 개시하기로 했다. 주공격 방향은 아단부대가 맡고 상황에 따라 남부의 아리엘 샤론 소장이 지원하기로 했다.

10월 8일(월요일)

시나이반도 전투에서 파괴된 이스라엘군의 M4 셔먼 전차

아단 소장이 이끄는 북부 반격군은 이집트군 정면을 향해 전차를 몰고 무모하게 돌격해 들어갔다. 이때 한 이스라엘 장교는 이렇게 회고했다.

"멀리서 모래 둔덕 위에 널린 점이 보였습니다. 그게 뭔지, 도무지 감을 잡을 수 없었죠. 가까이 다가갈수록 나무둥치 같다는 생각이 들었습니다. 전혀 움직이지도 않고 우리 앞에 펼쳐진 지형 곳곳에 흩어져 있었거든요. 앞선 전차에 무전으로 무엇이 보이는지 물었습니다. 전차장 중 한 명이 응답했습니다. '맙소사 저건 나무둥치가 아니야. 사람이라고!' 잠시 동안 저는 영문을 알 수가 없었습니다. '전차가 다가오는데 저렇게 꼼짝 않고 뭘 하려는 거지?' 갑자기 아수라장이 펼쳐졌습니다. 미사일이 우리를 향해 무더기로 날아온 겁니다. 많은 전차가 명중되었습니다. 그건 그때까지 겪어본 적이 없는 일이었습니다."

150여 대의 전차를 이끌고 이집트군을 향해 돌격하던 아단 소장이 이끄는 전차부대는 시나이 사막에서 전차 수십 대가 파괴된 후에야 사태를 파악하고 퇴각하기 시작했다. 아단은 정오 12시에 참모총장 엘라자르에게 다음과 같이 보고했다.

"사상자가 다수 발생했습니다. 아주 많아요. 전차가 미사일에 맞아 불타고 있습니다."

하지만 남부군 사령관 고녠 장군은 그동안의 아랍과의 전쟁 경험 때문에 생긴 자만심에 젖어 현실을 직시하지 못했고 아단 소장과 아리엘 샤론 소장에게 이스라엘 영토로 넘어온 이집트군을 격파한 후 수에즈를 도하하여 이집트 본토를 공격하라는 지시를 내리고 있었다.

오후 2시 아단 소장의 공격이 처참히 실패했음을 모든 이스라엘군 지휘관이 인지하기 시작했고 고녠 남부군 사령관은 부랴부랴 남부로 진격하고 있던 아리엘 샤론 소장에게 진격을 멈추고 전선 중앙으로 복귀해수비에 가담하도록 명령했다. 1개 여단 이상의 전차부대가 궤멸하였고여단장 한 명은 이집트군에 포로로 잡혔다.

항상 아랍국가을 공격해 큰 성공을 거두었던 이스라엘군은 이제는이집트군의 공격에 밀려 수세에 몰렸고 이런 상황은 이스라엘군에게 매우 낯설었고 매우 큰 스트레스로 다가왔다.

10월 9일(화요일)

반격 실패에 따른 이스라엘군의 급격한 사기 저하는 이스라엘군 지휘 관들 사이에 숨어 있던 갈등을 표출시켰다. 반격 실패 후 남부군 사령관 고넨 장군은 수세적인 작전을 취하였는데 이런 전략수정에 샤론 장군이 반기를 들었다. 그는 고넨 장군의 공격 중지 명령에도 불구하고 이집트 군을 공격하였다. 별다른 성과는 없었지만 이에 화가 난 고넨 장군은 아리엘 샤론의 직위해제를 엘라자르 참모총장에게 건의하기에 이른다.

아리엘 샤론은 매우 공격적인 성향의 군인으로 자신이 선두에 서서 이집트군과 전투를 벌이길 원했다. 하지만 고넨은 그에게 그런 명예를 주고 싶어 하지 않았다.

사실 몇 년 전만 하더라도 아리엘 샤론이 남부군 사령관이었고 고넨 은 지휘를 받는 사단장이었다. 이 둘의 관계가 역전이 되면서 둘 사이가 애매해졌다. 또한, 둘은 기질도 안 맞았다. 매사에 신중한 고넨과 달리 샤론은 다혈질에 저돌적인 민족주의자였다.

처참한 패배는 언론을 통해 알려지기 시작했다. 이스라엘 TV에서는 당시의 암울한 전황을 이스라엘 국민에게 알리고 있었다. 이때 하임 바 레브가 골란고원을 시찰하고 난 후 남부 전선에 도착했다. 골다 메이어 총리는 하임 바레브에게 남부군 사령관 고넨을 보좌하도록 부탁했다. 고넨은 이 사실을 전달받고 분노와 좌절감을 표현하였다. 주변 장교들 이 그에게 현실을 받아들이도록 설득해야만 했다. 말이 보좌지 사실상

하임 바레브가 고넨보다 군대에서 훨씬 선임이었기 때문에 바레브의 의견은 중요한 결정에 큰 영향을 끼칠 수밖에 없었다. 남부군 사령부에 도착한 바레브는 불편한 내색을 감추지 않는 남부군 사령관의 감정을 살펴야 했으며 동시에 공격 일변도의 전략을 주장하는 아리엘 샤론도 설득하고 이해시켜야 했으므로 바레브의 머리를 아프게 하였다.

10월 10일(수요일)

골란고원의 전황이 시나이 전선에도 영향을 미치기 시작하였다. 골란고원에서는 시리아가 확실히 실패했다는 것이 명백해졌다. 시리아는 주력군이 후쉬니아에서 삼면이 포위되어 이스라엘군의 맹공을 받고 있었다. 더욱이 그동안의 전투로 시리아는 병력의 상당수를 잃어버린 상황이었다. 이런 상황에서 시리아의 아사드 대통령은 이집트에게 적극적인 공세를 해 달라고 요구를 하기에 이른다. 이스라엘의 관심을 시나이 전선으로 돌리게 해서 자국의 안전을 도모하려는 의도였다.

이집트 대통령 사다트는 난감했지만, 마냥 시리아의 요구를 무시할 수는 없었다. 동맹국이 처한 상황을 잘 알고 있었기 때문이다. 결국, 사다트는 시리아를 구렁텅이에서 빼주기로 했고 이러한 결정은 결국 시나이 전선의 변곡점이 된다. 이스라엘은 수비에 집중하고 있었다. 이런 상황에서 이집트군이 SAM 대공 방어망의 보호 아래에서 뛰쳐나와 잘 준비된 이스라엘 수비군을 공격하는 것은 큰 모험임이 분명했다. 이집트군은 선봉의 일부 부대를 움직여 이스라엘군을 공격하였으나 수십 대의 전차만 잃고 퇴각하였다.

10월 11일(목요일)

이집트군 참모총장 샤즐리 중장[43]은 계속적인 이스라엘 내지로의 진격은 무리라고 판단하였다. 그는 이집트군은 이미 확보한 수에즈 동안만 지키고 있다면 전쟁에서 성공한 것이라 생각했고 차지한 영토를 지킬 수 있는 자신감도 있었다. 하지만 전쟁은 그의 생각대로만 움직여지지 않았다. 이집트 국방장관 이스마일 장관이 그에게 공격명령을 내렸고 이에 그는 다음과 같이 답했다.

"진격을 시도한다면 우리는 시리아 형제에게는 별 도움도 주지 못한 채 전열이 무너지고 말 겁니다."

10월 12일(금요일)

오후 6시 이집트 지휘관 회의가 열렸는데 참모총장 샤즐리의 의견은 무시되었으며 사다트 대통령과 그의 명령을 따르는 국방장관 이스마일의 의견에 따라 14일 새벽 총공세를 하기로 결정되었다. 시리아 전선에서는 이스라엘군이 시리아 본토로 진격하여 다마스쿠스를 위협하고 있었다.

이스라엘군은 이집트의 수에즈 서안에 있던 예비 기갑부대가 동안으로 이동한다는 것을 정보국을 통해 알아챘다. 이집트군의 대규모 공격이

---

43 이집트 지휘관 사드 엘 샤즐리는 6일 전쟁 때 이스라엘 영토 내로 1,500명의 병사를 이끌고 진입한 유일한 장군이었다. 하지만 이집트가 패퇴하자 이스라엘 영토에 3일간 숨어 있다 사막을 건너 수에즈로 퇴각하였다.

있을 거라는 신호였다. 이스라엘군은 견고한 수비 태세를 갖췄으며 방어 성공 이후 이집트에 반격을 어떻게 할 것인지도 생각하기 시작했다.

10월 13일(토요일)

이집트군의 부대 이동이 끝났다. 샤즐리는 다음과 같이 회고했다.

"적은 작전구역 내에 전차 900[44]대를 전개하고 있었다. 반면 우리는 400대로 공세를 펴려는 중이었다. 그것도 깔끔하게 준비된 진형을 향해서 말이다. 지난 10월 8일과 9일 사이, 적에게 크나큰 대가를 치르게 했던 것과 같은 일이 이제 반대로 우리 쪽에서 일어나려 하고 있었다. 우리는 아군 전차병에게 적이 제공권을 장악하고 있는 개활지를 지나 공격하라는 사형선고를 내리고 있었다."

저녁에 이스라엘군을 교란하기 위하여 헬기로 특수부대원을 이스라엘군 뒤쪽에 투입시켰다. 하지만 특수부대원은 이스라엘군에 의해 대부분 사살되거나 포로로 잡혔다.

미국의 '니켈 그래스(Nickel Grass)' 작전이 시작됐다. 이스라엘은 그동안의 전쟁에서 겪어보지 못한 전쟁의 장기화와 치열함으로 전쟁 물자

---

44 이 수치는 샤즐리의 과장된 수치이다. 이스라엘군의 전차 수는 실제로는 훨씬 이보다 적었으며 작전 실패의 책임을 회피하고자 하는 의도가 보인다.

부족에 시달렸다. 이에 미국은 무기, 탄약, 보급품 등을 대규모로 공수하였다. 이는 소련이 전쟁 전과 전쟁 기간에 이집트, 시리아에 대한 군수물자 지원에 대한 미국의 맞대응이었으며 따라서 전쟁의 성격이 일종의 미·소 대리전 양상을 띠기도 하였다.

10월 14일(일요일)

새벽 시간 총 6개 경로로 이집트군이 공격해 들어갔다. 이집트군은 아침이 되었을 때 햇볕을 정면으로 마주 보고 싸워야 하므로 태양이 뜨기 전 모든 전투가 마무리되어야 했다. 엄청난 모래 먼지가 밤새 잠을 못 자고 대기하고 있던 이스라엘 전차병의 눈에 들어왔다. 곧이어 최고 속도로 달려오는 수백 대의 이집트 전차가 굉음과 함께 보이기 시작했고 동시에 엄폐호 안에서 숨죽이고 있던 이스라엘 전차의 포구에서 불이 뿜어져 나왔다. 공중에서는 이스라엘 공군이 방공망 밖으로 뛰어나온 이집트 전차에 공격을 퍼붓기 시작했다. 엄청난 크기의 전차포격 소리와 부서지는 파편 소리가 몇 시간 동안 주변을 진동하였다.

이집트군이 원하는 대로 동쪽에서 해가 뜨는 시점에 전투는 끝나고 있었다. 하지만 그 결과는 이집트군이 원하는 것은 아니었다. 해가 뜨면서 시야가 확보되자 이집트군의 야심 차고 웅장한 돌격작전은 재앙이었음이 판명되었다. 이집트군의 전차 260대가 아침 햇살을 받으며 불길에 휩싸여 버렸던 반면에 이스라엘군의 전차 손실은 20대도 되지 않았다. 전세는 역전이 되었다. 바레브는 말했다.

"이집트군이 또다시 해묵은 방식대로 움직였다면 우리는 자기 본연의 모습을 되찾고 있었다."

전투 피해가 심각함을 인지한 이집트군 참모총장 샤즐리는 이집트군이 이뤄낸 며칠 동안의 성과를 과감히 포기해야 할 시점이라고 생각했다. 그는 남아있는 이집트 기갑부대를 수에즈 서안으로 후퇴시켜 이스라엘군이 운하를 도하하여 이집트 본국이 침략당하는 것을 막아야 한다고 이스마일 국방장관에게 건의하였다. 하지만 이스마일 장관은 획득한 영토를 포기하는 것은 있을 수 없으므로 수에즈 동안을 사수하라고 명령을 내렸다. 사다트와 이스마일 국방장관은 아직 이집트군의 남아있는 병력으로도 수에즈 동안을 지킬 수 있다고 생각했고 또 지켜야 했다. 전쟁을 결정한 사다트와 이스마일 국방장관에게는 정치적 생명이 걸린 문제였다.

이스라엘군은 이젠 역습을 할 때라고 생각하였다. 그 역습의 중심에는 아리엘 샤론이 있었다. 공격적이고 도전적인 것은 아리엘 샤론에게 적합한 전투방식이었으며 이것은 이스라엘 지휘관 사이에 이미 암묵적으로 인정되고 있었다. 자연스럽게 이번에는 아리엘 샤론 부대가 반격의 선봉에 서기로 했다.

이스라엘군은 수에즈 동안에 남아있던 이집트군을 정면으로 치는 대신에 이집트군의 취약점, 즉 제2군과 제3군의 중간 지점을 돌파하여 마츠메드를 점령하고 수에즈를 건너 수에즈 서안인 데베수와르를 점령한 후 전선을 확대하여 이집트군의 후방을 장악하기로 계획을 세웠다. 이렇게 되면 남아있던 수에즈 동안의 이집트군은 퇴로와 보급로가 막히고 이스라엘군에게 자연스럽게 포위되는 형국이 되었다. 이 도하작전은 '가젤(Gazelle)[45]' 작전으로 명명되었다.

10월 15일(월요일)

오후 4시 아리엘 샤론이 이끄는 부대는 이집트군의 제2군과 제3군 사이인 마즈메드를 향하여 진격하였고 다행스럽게 운하에서 1㎞ 지점까지는 이집트군과의 교전 없이 나아갈 수 있었다. 이후 도하 지점과 그 주변 도로를 확보하기 위해 남북으로 전차부대가 이동하면서 이집트군과의 교전이 시작되었다. 허를 찔린 이집트군이었지만 쉽게 무너지지 않았다. 특히 북쪽의 이집트 제2군은 교두보를 확보하려는 이스라엘군에게 맹렬한 공격을 가하여 큰 피해를 주고 있었다. '중국인 농장[46]'이라 불렸던 곳에서는 수비하고 있던 이집트군과 점령하려고 하는 이스라엘군과의 치열한 전투가 저녁에 시작되어 다음 날인 10월 16일 아침까지 이어졌다. 이집트군이 치밀하게 짜놓은 방어망에서 뿜는 십자포화에 앞으로 진격하던 이스라엘 전차부대는 엄청난 사상자를 냈고, 일부 부대는 이집트군에 의해 괴멸되기까지 했다. 이스라엘군의 피해는 전차 70대와 함께 전사자가 300여 명에 이르렀고 이후 지속된 전투로 피해는 점점

---

45 사바나, 사막 등 건조지역에서 사는 소과의 영양 포유류. 네다리가 가늘고 달리는 속도가 빠르다.

46 이곳에는 버려진 농업연구소가 있었는데 1967년까지 일본인 지도원들이 고용되어 있었다. 이들이 떠나가고 나서 벽에 남겨져 있던 한자와 일본어 때문에 중국인 농장이라는 별명을 갖게 되었다.

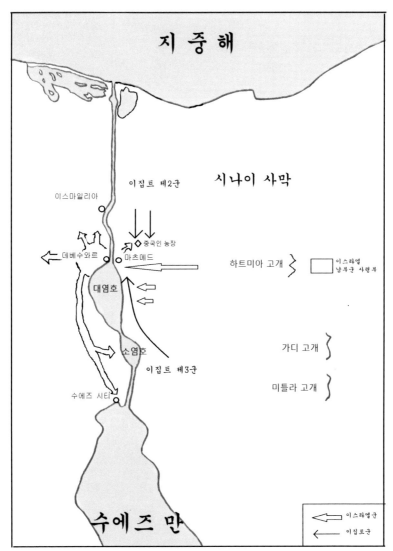

지 중 해

시 나 이 사 막

이집트 제2군

이스마일리아

중국인 농장

데베수와르

마츠메드

하트미아 고개

이스라엘
남부군 사령부

대염호

소염호

가디 고개

이집트 제3군

미틀라 고개

수에즈 시티

수 에 즈 만

이스라엘군
이집트군

시나이반도에서의 이스라엘군의 반격과 이집트 영토 침공

단숨에 읽는 중동전쟁 개정판

늘어났다. 하지만 수비하던 이집트군도 피해가 적지 않았다.

큰 피해에도 불구하고 이스라엘군은 운하로 통하는 길목을 조금씩 조금씩 열 수 있었고 이스라엘 공병은 도하 장비인 부교 재료와 2개의 초대형 롤러 부교[47]를 수에즈 운하 쪽으로 천천히 이동시킬 수 있었다.

10월 16일(화요일)

치열한 전투가 벌어지던 중인 새벽 00:30분 드디어 이스라엘 도하팀이 속속 운하에 모습을 드러내기 시작했다. 새벽 1시 35분 최초 이스라엘 병사가 고무보트에 올라 운하를 건넜다. 운하 도하 지점을 안정적으로 확보하지 못한 이스라엘군이 이렇게 과감히 그리고 신속히 건널 거라는 것을 예상 못 한 이집트 수뇌부는 예비대를 동원해 수에즈 서안을 수비하고 있지 않았다. 또한, 수에즈 동안에 대규모 이집트군을 놔두고 이스라엘군이 도하작전을 감행한다는 것은 상상도 할 수 없었다. 덕분에 이스라엘군은 별 저항 없이 수에즈 운하를 건너기 시작했으며 3시간 동안 도하한 730여 명의 이스라엘군은 샤론에게 작전 성공의 소식을 무전으로 알리고 데베수와르에 방어 진지를 구축하기 시작하였다.

그 이후 함께 도하한 전차 21대는 수에즈 서안에 전개된 이집트 대공 무기 SAM 진지를 파괴하기 위해 내륙으로 더 들어갔다. 그들은 다음날까지 종횡무진으로 활동하며 거의 무방비 상태인 대공 진지를 파괴하고

---

47 후방에서 완성된 부교 밑에 롤러를 달아서 전차 16대로 끌고 수에즈 운하까지 끌고 올 수 있었다. 이 부교는 길이가 180m 무게는 400톤에 달하였으며 이미 완성되어 있었기 때문에 조립할 필요 없이 운하에 집어넣기만 하면 다리 역할을 할 수 있었다.

수에즈 운하를 건너는 이스라엘군

수에즈 운하에 설치한 부교를 건너는 이스라엘 남부군의 105㎜ 주포 탑재 미국제 M48A3 패튼 전차. 뒤쪽으로 모래 방벽이 보인다.

다녔다. 일부 대공 진지에서는 다가오는 이스라엘 전차에 놀라고 당황한 나머지 엄청나게 비싼 대공 미사일을 전차를 향하여 발사하기도 하였지만, 성공을 거두지는 못하였다. 내륙의 SAM 진지가 차례대로 파괴되면서 이집트 방공망에 구멍이 뚫리기 시작했다. 이에 이집트 대공 무기가 무력화된 지역으로 이스라엘 전투기가 침투한 후 이집트 본토와 다른 방공진지의 측면으로 날아가 폭탄을 퍼부을 예정이었다.

샤론은 자신의 성공적 역(逆)도하작전 수행을 남부군 사령부에 보고하였다. 그는 수에즈 도하작전에 소극적이었던 이스라엘 수뇌부가 또다시 수세적인 전략을 취할 것을 우려하였고 동시에 자신의 전과를 자랑하고 싶은 마음에 교두보를 확보하기 위한 전투에서 발생한 이스라엘군의 손실을 축소 보고했다.

10월 17일(수요일)

이스라엘군의 부교가 속속 운하에 도착하기 시작했다. 이에 샤론은 이스라엘군의 주력까지도 수에즈 서안으로 도하시켜야 한다고 주장했다. 그러나 남부사령관 고넨은 중국인 농장 등지에서 이집트군의 공격이 여전히 위협적이므로 도하 지점을 안정화시키는 것이 우선이라고 판단해 반대했다.

고넨은 샤론에게 중국인 농장 지역의 이집트군을 맡게 하였고 대신 아단 부대에게 수에즈 서안으로 도하하도록 명령했다. 다혈질의 샤론은 도하팀에 제외된 것에 분통을 터트렸으며 자신이 이룩한 성과를 아단부대가 가져간다고 생각했다. 이스라엘 작전지휘소에서는 잠시 동안 고성이 오갔다. 고넨은 샤론이 자신의 명령을 어기고 단독으로 도하작전을 펼칠 것을 우려해 샤론 지휘 하의 여단장 한 명을 조용히 불러 절대 자신의 명령 없이 도하를 하면 안 된다고 경고했다. 샤론은 자신의 직속 상관인 고넨을 거치지 않고 엘라자르 참모총장에게 전황을 보고하며 고넨 남부군 사령관을 무시했다.

그러나 갈등은 이스라엘군 내부에서만 있었던 것은 아니었다. 이집트군 내부에서도 의견대립은 발생하였다. 이집트 참모총장 샤즐리는 시나이 남부 전선에 주둔하고 있던 제3군에서 2개 부대를 빼내어 수에즈 서안에 상륙한 이스라엘 군대를 격퇴하자고 주장했다. 하지만 이집트 국방장관 이스마일은 반대했다. 이스마일은 1개 부대만 서안으로 이동시켜 본토의 예비부대와 합세해 이스라엘 상륙부대를 공격하는 것으로 충분하다고 생각했다. 그리고 나머지 제3군 부대로 이스라엘 교두보인 마츠메드로 진격하도록 명령했다. 그는 이스라엘군 도하 지점만 무력화

한다면 수에즈 서안에 상륙한 소규모의 이스라엘군은 고립되고 '독 안에 든 쥐'가 되기 때문에 자연스럽게 해결될 거라 판단했다.

이에 이스라엘군 교두보를 공격하기 위해 이집트 제3군은 운하를 서쪽으로 끼고 북진하기 시작했다. 이스라엘군은 이집트군의 의도를 간파하고 이집트군의 오른쪽 측면에서 매복하고 기다렸다. 북진하던 이집트군의 소련제 최신식 전차 T-62 96대와 수많은 장갑수송 차량, 보급 트럭이, 전차 밖으로 몸을 드러내 주변을 살피던 이스라엘 전차장의 눈에 들어왔다.

맨 앞에서 진격하는 이집트군 전차 2대가 강력한 폭발음과 함께 부서지면서 교전이 시작된 시간은 정오 12시였다. 전투는 오후 5시 30분까지 이어졌지만 전투 양상은 일방적으로 흘러갔다. 앞과 오른쪽 측면에서 공격받은 이집트군 일부는 서쪽 운하 지역으로 도주를 했다. 하지만 그곳은 기존에 방어를 위해 이스라엘군이 매설해 놓은 지뢰지대가 있었다. 겁에 질린 이집트 전차부대는 포탄이 떨어지는 지역을 벗어나 서쪽으로 도망가다 지뢰지대로 들어가 버렸고 지뢰와 함께 폭사했다. 일부 살아남은 전차도 추격하는 이스라엘 전차에 의해 격파되었다. 이집트군 제3군은 극복할 수 없는 피해를 입었다. 이집트군은 전차 85대를 격파당하였고 보병전투차량과 보급 차량은 모조리 파괴되었다. 반면 이스라엘군은 도망가는 이집트군을 추격하다 지뢰를 밟은 전차 4대가 파괴된 것이 전부였다. 완벽한 이스라엘군의 승리였다.

수에즈 운하에 부교를 설치하는 곳에서는 이집트 포병대와 공군의 강력한 저항이 있었다. 샤론은 다음과 같이 회상했다.

"이집트 포병대의 무시무시한 일제 포격이 우리를 덮쳤다. …놀라운 용기를 발휘한 어떤 병사는 화염 폭풍 속에서도 밖으로 나와 차량을 이동시켰다. …또 다른 병사는 부교의 조립과 운행에 매달렸다. …그 혼란은 상상을 초월하는 것이었다."

부교 위의 공중에서는 이집트 공군과 이스라엘 공군이 공중전을 벌였고 다급한 이집트군은 자살 폭격 임무에 헬기까지 동원하였다. 그럼에도 오후 늦게 부교는 완성되었다.

한편 북쪽의 '중국인 농장' 지역의 공격을 맡은 샤론은 이미 힘이 빠진 이집트군에게 맹공을 가하였고 겁을 먹은 이집트군은 자신의 진지를 버리고 도망가 버렸다. '중국인 농장' 지역은 결국 이스라엘군의 수중에 떨어졌다. 샤론도 이젠 그토록 원하던 '이집트'로 갈 수 있다는 것에 기뻐하였다.

10월 18일(목요일)

'중국인 농장' 지역을 점령하고 도하 지점을 안정시킨 샤론은 수에즈 서안으로 자신의 부대를 급히 이동시켜 이미 전날 도하한 아단 사단에 합류하였다. 그는 이집트 본토를 마음껏 휘젓고 다닐 심산이었다. 세 장군 사이에 역할 분담이 이뤄졌다. 아단 사단과 마겐 사단은 남쪽의 수에즈 시티를 향하여 진격하여 이집트 제3군을 고립시키고 샤론 부대는 북쪽 이스마일리아로 진격하여 이집트 제2군의 배후를 위협하고 대공 무기를 파괴하라는 임무가 주어졌다.

아리엘 샤론과 모세 다얀

욤 키푸르 전쟁 당시 M51 슈퍼 셔먼 전차에 탑승하여 수에즈 운하를 통과하는 아리엘 샤론(머리에 흰 붕대)과 모세 다얀 국방장관. 아리엘 샤론은 전투 중 돌출된 행동으로 여러 차례 상관인 고넨을 통해 해임요청이 이루어졌지만 모세 다얀의 신임에 힘입어 해임되지 않았다.

10월 19일(금요일)

이집트군의 패배는 자명해졌다. 리비아 공군이 참전하여 이스라엘군을 공격하였으나 전세를 뒤집는 어떤 역할도 할 수 없었다. 사다트는 이집트군 참모총장 샤즐리를 비밀리에 지휘체계에서 배제한 후 가마시 장군을 새롭게 참모총장으로 임명하였다. 샤즐리가 데베수와르로 상륙한 이스라엘군을 신속히 공격하라는 자신의 명령을 어기고 하루를 허비하

단숨에 읽는 중동전쟁 개정판

면서 이스라엘군을 격퇴시킬 기회를 날려버렸다는 것이 이유였다.

한편, 남쪽으로 진격하는 이스라엘군의 아단 부대와 마겐 부대는 수월하게 이집트군을 제압하면서 진격할 수 있었지만, 북쪽 진격을 맡고 있던 샤론 부대는 이집트군의 강력한 저항에 부딪혀 진격 속도가 더뎠다.

소련은 이집트와 시리아에 전쟁이 불리하게 돌아가자 서둘러 휴전을 추진하였다. 저녁 늦게 헨리 키신저 미국 국무장관은 모스크바로 날아가 정전 안을 교섭하기 시작하였다.

10월 20일(토요일)~10월 21일(일요일)

남쪽으로 진격하던 아단과 마겐 부대에 쿠웨이트와 팔레스타인 부대가 공격을 가하였으나 큰 성공을 거두지 못하였다.

수에즈 남쪽 서안이 이스라엘군에 의해 통제되기 시작되자 이집트 제3군은 후방사령부 및 주 보급기지와 완전히 단절되어 고립되었다.

〈이날의 공중전(10월 20일)〉

수에즈 운하 위로 4대의 이스라엘 전투기 네셔[48]가 비행하고 있었다. 이때 이스라엘 파일럿 엡스타인 눈에 이집트 전투기 미그21 2대가 눈에 들어왔다. 그들은 이집트 방향으로 날아가고 있었다. 이스라엘 전투기 2대는 곧바로 그들을 추격하기 시작하였고 곧이어 한 대는 선두에 있던 엡스타인이 발사한 열추적

---

48 프랑스제 미라주5를 흉내 낸 이스라엘 전투기이다. 프랑스 대통령 샤를 르 드골이 이스라엘에 전투기 제공을 거부하자 이스라엘은 비밀리에 전투기 도면을 입수해 자체적으로 개량해 만든 전투기이다.

미사일에 격추되었다. 그리고 나머지 한 대를 격추하기 위해 추격하는 중에 갑자기 밑에서 검은 물체가 나타나 이스라엘 비행편대에 다가왔다. 이집트 전투기 20대가 매복을 하고 있다가 미끼로 푼 2대의 전투기를 보고 달려드는 이스라엘 전투기를 공격하러 나온 것이었다. 엡스타인과 그의 비행 동료들은 당황했지만 도망갈 생각은 하지 않았다.

이스라엘 전투기는 미끼로 쓰였던 남아있던 미그21 한 대를 먼저 격추한 후 4대 20의 치열한 공중전을 벌였다. 얼마 안 있어 전투에 능한 이스라엘 파일럿에 의해 수 대의 이집트 전투기가 격추되었다. 하지만 이스라엘 전투기 한 대는 전투 중 고장을 일으켰고 한 대는 연료가 바닥이 나 버렸다. 이 2대의 전투기는 급하게 이스라엘 쪽으로 기수를 돌려 복귀할 수밖에 없었다. 또 한 대의 이스라엘 전투기는 이집트 전투기를 추격하면서 시야에서 사라졌고 엡스타인도 한대의 이집트 전투기를 추격하고 있었다. 뒤꽁무니를 엡스타인에게 잡혀 수세에 몰린 이집트 전투기는 엡스타인을 떼어내기 위해 지면과 충돌 직전까지 갈 정도로 회피기동을 시도했으나 결국은 격추되고 말았다.

이때 갑자기 10대의 이집트 전투기가 홀로 남은 엡스타인 뒤쪽으로 바짝 붙어서 포위 공격을 했다. 그는 다급하게 회피기동을 하였지만, 그의 정면에서 이집트 전투기 2대가 발사한 미사일 2기가 눈앞에 나타났다. 그가 미사일을 피하자 또다시 새로운 2대의 미그기가 그의 뒤를 바짝 붙었다. 그는 속도를 줄이다가 갑자기 위로 상승을 시도했고 뒤따라오던 미그기는 순식간에 그를 지나쳐 버렸다. 곧바로 기체를 하강시키자 이번엔 반대로 그가 미그기 2대의 뒤꽁무니를 겨눌 수 있었다. 그의 전투기에 달린 기관포가 곧바로 불을 뿜기 시작하였고 앞쪽의 미그기 2대를 격추할 수 있었다. 그는 이 전투에서 총 4대의 적기를 격추하였다.

그는 곧바로 부대에 복귀하였다. 하지만 그는 기력이 쇠해 동료의 부축을 받으며 전투기 조종석에서 나올 수밖에 없었다. 그는 이렇게 회상한다.

"다리가 떨리고 있었죠. 10분이나 엄청난 긴장 속에 전투를 치렀으니까요."

그는 3일 후 또다시 출격해 이집트 미그 전투기 3대를 추가로 격추하였다. 엡스타인은 6일 전쟁을 포함하여 총 17대의 전투기를 격추하였고 이스라엘 공군뿐 아니라 세계 공군사에도 최고의 전설로 남게 되었다.

1988년 50세의 나이에 처음으로 미국제 최신식 전투기 F-16을 운전해 본 엡스타인은 다음과 같이 자신의 느낌을 말했다.

"F-16은 컴퓨터가 조종하고 파일럿은 입력요소의 일부분에 해당하죠. 조종에는 (파일럿의) 감정이 필요합니다. 비행을 즐길 수 있어야죠. F-16에는 그런 것이 없습니다."

10월 22일(월요일)~10월 25일(목요일)

'중동의 정당하고도 지속 가능한 평화'를 위해 교섭에 나설 것을 촉구하는 UN 안보리 결의안 338호는 미·소의 동의하에 안보리에서 채택되었다.

오후 3시 남북으로 진격하던 이스라엘군에게 오후 6시를 기해 휴전에 들어간다는 무전이 들어왔다. 북진하던 샤론에게는 현 위치에서의 대기 명령이 내려졌고 남쪽으로 향하던 아단과 마겐 부대에게는 계속해서 진격하여 이집트 제3군을 완전히 고립시키라는 명령이 내려졌다. 언제나 그렇듯 이스라엘과 아랍 간의 휴전은 충실히 지켜진 적이 없기 때문에 차후 협상에서 유리한 고지를 차지하기 위한 작전이었다. 아단 부대는 큰 저항 없이 오후 6시 50분 소엽호 남단까지 진격하였고 전의를 상실하고 패주하는 이집트 병사를 뒤로 한 채 오후 8시에는 수에즈 시티 초입까지 진격하였다.

10월 23일 수에즈만에 먼저 도착한 아단 부대는 수에즈만을 지키고 있던 수에즈 시티를 10월 24일 포위하고 공격하였다. 하지만 이집트군의 완강한 저항에 함락은 실패하였다.

10월 25일 UN의 휴전 결의 촉구 안이 채택되고 미·소의 외교적 압박이 진행되자 전쟁은 막을 내렸다.

시나이반도 전쟁의 결과

시나이 전선의 전쟁 결과 이스라엘은 전사 2,678명, 부상 7,251명, 그리고 개전 초기 발생한 포로 341명으로 집계되었다. 전차 손실은 400여 대가 파괴되었다. 이집트군의 피해는 대략 전사 1만 2,000명, 부상 3만 5,000명, 포로 8,400명이었다. 전차 손실은 약 1,000대가 발생하였다.

공군은 이스라엘은 전투기 107대, 헬기 5대를 잃었다. 이집트는 전투기 277대에 헬기 42대가 파괴되었다. 또한, 방공망인 SAM 진지는 약 50개소가 파괴되었다.

해상에서는 이스라엘은 단 한 척의 함정도 잃지 않았고 전사자 3명과 부상자 24명이 발생하였다. 이집트 해군은 미사일정 7척을 잃었으며 어뢰정 및 해안 경비정 4척을 잃었다.

이집트의 국방장관 이스마일 장군은 암 판정을 받은 상태에서 전쟁을 지휘했다. 암 판정에도 불구하고 아랍의 승리를 위해 헌신했던 그는 사다트와 함께 세밀한 전쟁 계획을 만들었고 이에 따른 기습작전으로 이스라엘의 간담을 서늘하게 하였다. 그럼에도 불구하고 10월 14일 시리아를 도와준다는 명분으로 성급하게 강행한 총공격이 재앙으로 끝나면서 그 실패에 대한 책임에서 자유롭지 못했다. 그는 전쟁이 끝난 다음 해인 1974년 12월 암으로 사망했다.

단숨에 읽는 중동전쟁 개정판

참모총장 알 샤즐리는 총공세의 위험성을 주장하였고 총공세의 대실
패 이후 전략적인 후퇴라는 현실적이고 합리적인 판단을 하기도 했지만
안타깝게도 이집트군 작전에 반영되지 못하며 이집트군의 참담한 패배
를 막지는 못하였다. 그러나 그가 모든 작전에 깊숙이 개입한 참모총장
이었으므로 그도 역시 전쟁 패배의 책임에서는 자유로울 수가 없었다.
전쟁 기간에 사다트와의 의견대립으로 사이가 틀어진 그는 전쟁이 끝난
직후인 12월 참모총장에서 공식적으로 해임되었다. 그 후 권력의 중심
부에서 밀려난 그는 영국, 포르투갈 대사로서 외교업무를 수행했다.

욤 키푸르 전쟁의 영향

이집트와 시리아는 초기의 전쟁 승리에도 불구하고 그 달콤한 맛은 오래가지 못하였다. 전쟁 후반 이집트와 시리아는 자국의 영토가 이스라엘군의 반격 때문에 유린당하는 아픔을 겪었다. 욤 키푸르 전쟁은 이스라엘이 반격을 통해 이집트와 시리아 그리고 그 외 아랍국가를 격퇴하고 승리한 전쟁처럼 보인다. 하지만 이것은 겉으로만 보이는 것이었고 실상은 그 반대의 결과를 가져왔다.

이스라엘군은 그동안 패배를 모르는 무적의 군대였다. 그들에게 아랍국가는 덩치만 큰 '종이호랑이'에 불과했다. 그런데 그런 허약한 군대에 이스라엘이 생존의 위협을 받을 정도로 초반 큰 타격을 받았다. 이스라엘 수뇌부는 처음 겪어보는 전쟁 상황에 당황해서 어쩔 줄 몰라 헤맸었고 자신들이 질 수도 있다는 공포심을 처음 갖게 되었다. 동시에 전례 없는 많은 인명피해는 이스라엘에 충격을 주었다. 아랍국가로 둘러싸인 이스라엘은 항상 절대적으로 인구가 많은 아랍 여러 나라와 싸워야 했기 때문에 물적 피해보다는 인명 피해에 예민했다. 이러한 충격과 공포는 이스라엘이 차후 영토를 포기하면서도 이집트와 평화협정을 맺게 하는 계기가 되었다.

전쟁 직후 이스라엘은 초기 전투 패배에 대한 책임을 묻기 위해서 아그라나트 위원회[49]를 통해 조사했고 1974년 4월 의회에 제출할 잠정보고서를 만들었다. 이 보고서에는 이스라엘 정보당국이 아랍 측의 의도와 전력을 평가하는 데 완전히 실패하였으므로 정보계통의 책임자를 해임하도록 권고하였다. 또한, 참모총장 엘라자르 중장은 정보분석과 군의 임전 태세를 확립하는 데 실패했다는 이유로 비판받았다. 남부군 사령관 쉬무엘 고넨 소장은 지휘관 자격이 박탈되었고 10월 6일과 8일에 있었던 이스라엘군의 반격 작전 실패에 대한 책임을 져야 했다.

그리고 골다 메이어 총리와 모세 다얀 국방장관의 정치생명도 이 전쟁으로 끝이 나고 말았다. 골다 메이어 총리는 아그라나트 보고서가 제출된 직후 이집트의 선제공격에 적절히 대처하지 못한 책임을 지고 총리에서 사임하였다. 그리고 근 30년을 집권한 노동당은 1977년 메나헴 베긴이 이끄는 우익 성향의 리쿠드(Likud) 당에게 선거에서 참패하였다.

이스라엘 국민은 그동안 자신이 보냈던 정치인과 장군에 대한 무한의 신뢰가 무너졌다. 이스라엘인은 점차 자신의 목소리를 내기 시작하였고

---

49 이스라엘의 전쟁 준비 실패를 조사하기 위해 만들어진 위원회이다. 아그라나트는 당시 이 위원회를 주도했던 대법원장의 이름(Shimon Agranat)이다.

특히 아랍과 팔레스타인인에 대한 강경 노선과 온건 노선이 크게 충돌하면서 과거와 같은 결속력은 찾아보기 어렵게 됐다.

반면 이집트인에게는 전쟁 초기 이스라엘군을 압도했던 기억은 지금까지도 이어지고 있으며 그것을 자랑으로 생각하게 되었다. 동시에 아랍국가는 무력을 통한 이스라엘 제압의 한계를 명확히 인지하게 되었으며 대신 그들이 가진 경제적 무기인 '석유'를 이용하여 이스라엘 동맹국을 협박하고 이스라엘을 외교적으로 고립시키는 전략을 본격적으로 사용하기 시작했다.

1970년대에 일어났던 오일쇼크의 위력은 어마어마했다. 아랍국은 이스라엘과 국교를 맺은 나라에는 석유 공급을 중단하겠다고 위협함으로써 많은 나라가 어쩔 수 없이 이스라엘과 단교해야 했다. 한국도 1962년부터 이어온 이스라엘과의 외교 관계를 1978년 2월, 오일쇼크를 견디기 위해 어쩔 수 없이 대사관을 폐쇄했다가 1993년 12월이 돼서야 재개하였다.

전쟁에 대한 고찰

전쟁의 승패는 어디에서 오는 것일까? 압도적인 전력의 차이에도 불구하고 이스라엘이 아랍국에 승리할 수 있었던 요인은 무엇일까?

어떤 이는 이스라엘 병사는 용감했고 시리아 병사는 그렇지 못했다고 이야기할 수 있다. 하지만 자신의 머리를 한 방에 날려버릴 총탄과 몸을 사방으로 찢어버릴 포탄을 이스라엘군이 고지에서 쏟아부을 때 아랑곳하지 않고 돌진했고 장갑으로 보호된 수송차에서 야삽을 들고나와 포탄 속에서 대전차 호를 메우던 시리아 병사가 용감하지 않다고 누가 말할 수 있겠는가? 현대전에서 전쟁의 승패를 병사들의 용감성에 두는 것은 크게 잘못된 생각이다.

그렇다면 무엇일까?

우선 지휘관의 능력일 것이다. 역사적으로 지휘관의 능력에 따라 전투의 승패가 갈라진 경우는 수없이 많다. 서양의 알렉산더·카이사르·나폴레옹, 동양의 주유·한신·오다 노부나가, 우리나라의 을지문덕·강감찬·이순신 같은 뛰어난 전쟁의 전략가가 있지 않은가? 반면 임진왜란 당시 무능력한 원균은 이순신이 이끌던 백전불패의 부대를 이끌고 왜군에게 전멸에 가까운 패전을 당했다.

그럼 이스라엘과 시리아 지휘관의 차이는 어떤 것이었나? 시리아군은 처음에는 자신들이 심사숙고하여 짜낸 작전 계획에 따라 움직였다. 그리고 그것은 초기에는 성공적이었다. 하지만 모든 일이 예상대로만 흘러가지는 않는 법이다. 전투의 상황은 고정되지 않고 시시각각 변하기 때문이다.

전쟁에서 지휘관은 급박하게 돌아가는 전황 속에서 신속하면서도 합리적이고 유연한 군대 운영을 해야 한다. 하지만 시리아군은 전투가 진행되는 과정에서 지휘체계가 경직되어 있었고 매뉴얼에 의존했다. 전방 지휘관은 새로운 상황에 맞게 자신의 책임하에 결정을 하고 명령을 내려야 한다. 그리고 상부 명령에 문제가 있다고 생각되면 이의를 제기하기도 해야 한다. 하지만 시리아 지휘관은 매우 정치적이었기 때문에 그런 무모한 시도를 하려고 하지 않았고 상관의 명령에 충실히 따를 뿐이었다.

반면에 이스라엘은 달랐다. 사실 후방에서 작전을 짜는 지휘관은 큰 그림의 군대 배치는 할 수 있으나 실제 전투가 벌어졌을 때 어떤 일이 벌어질지는 알 수가 없었다. 따라서 이스라엘군은 전투 중에 각 지휘관에게 유연하게 대응하는 것을 허용하였으며 상관은 하급 지휘관의 판단을 받아줄 마음의 준비가 되어있었다.[50] 심지어 자신의 진지를 무단으로 이탈해 적국 전차를 공격해도 그 결과가 좋다면 큰 문제는 아니었다.[51] 이러한 지휘체계의 유연성은 이스라엘군의 강점으로 시리아군을 격퇴할 수 있었던 요인 중 하나일 것이다.

두 번째는 선택과 집중이었다. 전쟁에서의 인적, 물적 자원은 한정되어 있다. 특히 아랍국가에 둘러싸인 작은 나라인 이스라엘은 더더욱 군인 한 명, 물자 하나가 소중할 수밖에 없다. 이러한 한정된 자원을 이스라엘은 선택과 집중을 통해 운용하는 데 매우 뛰어났다.

전쟁 전 골란고원의 전선에 긴장이 고조되자 남부 전선에 있던 7기갑여단을 북부로 신속히 이동시킨 것이나 전쟁 초기 이집트의 시나이 전선을 과감히 포기하고 골란 전선에 우선적으로 이스라엘 예비병력을 전부 투입한 것은 전략적으로 중요한 곳을 집중하여 수비하겠다는 의지였다. 만약 두 전선 다 밀리지 않겠다는 생각으로 군대를 분산 배치하였다면 그 결과는 끔찍했을 것이다.

그리고 시리아나 이집트 내지(內地)로 공격할 때도 전(全) 전선에서 진격한 것이 아니라 특정 지역을 송곳처럼 공격해 뚫은 후 그곳을 중심으로 전선을 확대하는 작전을 구사했다. 전력을 한 곳에 집중시킨 것이다. 반면 군대가 상대적으로 많은 이집트와 시리아는 전(全) 전선에 걸쳐 군

---

50 카할라니 중령이 자신의 직속 상관인 야노시 대령과 골란고원 방어작전을 짜면서 의견이 일치하지 않자 자신의 주장을 굽히지 않고 관철했다. 반면 이집트 참모총장 샤즐리의 의견은 항상 대통령 사다트와 국방장관 이스마일에게 번번이 무시되었다.

51 카할라니 중령은 휘하의 전차장에게 급하게 도망가는 적 전차 1대를 놔두라고 명령하였지만 휘하의 에미 중대장은 그 명령을 어기고 자신의 위치에서 벗어나 추격하여 기어이 파괴하였다.

대를 진격시키는 작전을 실행했다.

　세 번째는 이스라엘인의 생존본능일 것이다. 전투의 패배는 국가의 멸망과 직결될 수 있다는 절박감은 이집트나 시리아 군인과는 사뭇 다른 것이었다. 이집트, 시리아가 벌이는 전투는 가족이나 민족의 생존과는 관련이 없는 것이었다. 그저 '아랍의 영광'이나 '이집트와 시리아의 자존심'을 위해서 싸우고 있었다. 하지만 이스라엘군은 그들이 패배하는 순간 가족과 민족의 생존이 위협을 받았다. 이러한 절박함은 용기와는 다른 개념이다. 그들의 절박함과 생존하고자 하는 욕구는 아랍의 군대를 제압할 수 있는 원동력이었다.

6장

전쟁 이후 중동

이스라엘 – 다윗에서 골리앗으로

1978년 9월 미국 대통령의 여름 별장인 캠프 데이비드에서 미국의 지미 카터 대통령은 이집트의 사다트 대통령과 이스라엘의 메나헴 베긴 총리를 초청해 평화를 위한 협상의 장소를 마련해 주었고 다행스럽게도 두 나라는 의견일치를 이룰 수 있었다. 1979년 3월 미국의 지미 카터 대통령이 보는 앞에서 이집트의 사다트 대통령과 이스라엘의 메나헴 베긴 총리는 평화협정에 사인하게 된다. 역사적인 '캠프 데이비드 협정'이 마침내 체결된 것이다. 이 협정으로 이스라엘은 시나이반도를 포기하는 대신에 이집트와의 평화조약으로 남쪽의 안전을 보장받았고 항상 적대적인 시리아와 내부의 팔레스타인 문제에 집중할 수 있었다.

1970년 아라파트가 이끄는 팔레스타인 해방기구(PLO)가 요르단에서 쫓겨나와 본부를 레바논의 베이루트로 옮겨 활동하면서 레바논 상황이 복잡해지기 시작하였다. 레바논[52]은 이미 내부적으로 기독교도[53]와 이슬람교도 간의 갈등으로 1958년부터 내전 중이었는데 팔레스타인인의 이주로 더욱 복잡한 상황이 일어나 버렸다. 1982년 이스라엘은 팔레스타인 해방기구의 격퇴와 레바논의 허약한 기독교 정권의 지지를 위하여 레바논을 침공하였다. 그리고 레바논의 남부지역을 장악해 버렸다. 이에 이미 1976년부터 레바논의 평화유지라는 명분으로 북부 레바논에 진입하여 주둔하고 있던 시리아군과의 갈등도 첨예화되었다.

이스라엘군이 레바논을 침공한 그해 여름 1만에 달하는 팔레스타인 해방기구 민병대는 베이루트를 떠날 수밖에 없었다. 그러나 뒤이어 발생한 레바논 기독교인에 의한 팔레스타인 난민촌 학살을 아리엘 샤론[54]의 이스라엘군이 사실상 방조하면서 이스라엘은 국제적 비난을 받았다. 결국, 레바논 침공에 대한 국제여론의 악화와 함께 팔레스타인 저항세력의 격퇴라는 소기의 성과를 이룬 이스라엘군은 1985년 점령한 레바논 남부에서 전격적으로 철수를 단행하였다.

하지만 2006년 시아파 민병대 헤즈볼라를 격퇴한다는 명분으로 다시

---

52 1926년 프랑스가 시리아를 신탁통치 하면서 시리아에서 레바논을 분리했다. 레바논에는 다수의 토착 기독교인이 거주하여 대부분이 이슬람교도인 시리아와 이질적이었다. 레바논 정치인은 처음에는 다수의 기독교도와 소수의 이슬람교도가 일정 비율로 중요 관직을 차지하기로 합의하면서 정치적 평화가 유지되었다. 하지만 시간이 지나면서 레바논 내 이슬람교도의 인구가 급증하였고 더욱이 팔레스타인 난민이 유입되면서 레바논 내부 상황이 꼬여만 갔다.

53 이 지역의 기독교인은 비잔티움 제국과 십자군 국가 시대의 기독교 후손으로 끝까지 이슬람으로 개종하지 않고 그들의 종교를 유지한 것으로 보인다.

54 그는 이 당시 이스라엘 국방장관이었다.

레바논 남부를 불법적으로 기습 침공하기도 하여 '중동의 골리앗'으로서의 힘을 공공연히 드러내고 있다.

레바논에서의 이스라엘과 팔레스타인 해방기구(PLO) 간의 극한 대립 이후 10여 년이 지난 후 노르웨이의 오슬로에서 시작된 이스라엘과 팔레스타인 간의 평화협정은 1993년 9월 이스라엘의 이츠하크 라빈 총리와 PLO 의장 야세르 아라파트가 워싱턴에서 평화 문서에 서명하면서 그 결실을 볼 수 있었다(오슬로 협정). 이스라엘은 가자지구와 요르단강 서안지구에 대한 자치권을 팔레스타인인에게 부여하여 공존의 길을 열었다. 하지만 이 협정은 이스라엘 내부 극우주의자의 반발을 불러일으켰고 팔레스타인과의 평화협정 2년 후 평화집회에 참여했던 라빈은 극우 유대주의자에 의해 총격을 받고 암살되었다.

이집트 - 친소에서 친미로

사다트는 '6월 전쟁'과 '10월 전쟁'을 겪으면서 소련을 불신하게 됐으며 이 공산주의자들이 진심으로 이집트를 지원해주고 있다고 못 느꼈다. 1976년 그는 소련과의 우호조약을 깨고, 소련 기술자를 이집트에서 내쫓았다. 다음 해 11월 사다트는 아랍국가를 경악하게 만들었는데 전격적으로 예루살렘을 방문하여 그곳에서 이스라엘의 존재를 인정하는 행보를 보였기 때문이었다.

1978년 9월에는 미국 대통령 휴양지 캠프 데이비드(Camp David)에서 시나이반도 전체를 반환받는 조건으로 이스라엘과 평화협정을 맺었고 이스라엘 국가를 승인하였다. 이러한 평화협상의 결과로 사다트는 이스라엘 베긴 총리와 함께 그해 노벨 평화상을 수상했다.

하지만 사다트의 이러한 외교적 행보는 이슬람 사회의 분노를 일으켰다. 1979년 분노한 아랍국가는 이집트를 아랍연맹에서 쫓아냈고 아랍연맹본부도 이집트에서 튀니지로 옮겨 버렸다.

사다트는 1981년 '10월 전쟁' 개전 당일의 성공적인 수에즈 운하 도하를 기념하는 군사행진을 사열하였다. 그런데 갑자기 일련의 무장한 남자들이 사다트가 있던 사열대로 달려들며 총을 난사하기 시작하였다. 경호원들도 응사했지만, 사다트의 죽음을 막지는 못하였다. 사다트는 그 자리에서 사망했으며 이 비극적인 암살은 이슬람 근본주의자의 짓으로 판명 났다.

이후 사다트의 옆에 있었지만, 팔에 가벼운 총상을 입고 살아남은 호스니 무바라크 부통령[55]이 집권하였고 그는 사다트가 이뤄놓은 평화체제를 흔들지 않고 그대로 계승하였다. 그리고 그는 이스라엘과의 안정된 관계 속에서 30년간 이집트를 독재자로서 통치했다. 그러나 2011년 '아랍의 봄'이라는 민주화 물결 속에서 대통령직에서 물러나야 했고 그 직후 구속되면서 초라한 말년을 맞이하게 된다.

---

[55] 그는 '10월 전쟁' 당시 공군 사령관이었으며 사다트의 신임이 두터워 전쟁 후 부통령에 임명되었다.

단숨에 읽는 중동전쟁 개정판

시리아 - 지속적인 친러와 반이스라엘 그리고 내전

시리아 대통령 하페즈 알 아사드는 이집트와 이스라엘 간의 캠프 데이비드 협정, 그리고 팔레스타인과 이스라엘 간의 오슬로 협정 모두를 비난하면서 이스라엘과는 적대적인 태도를 견지하였다. 또한, 레바논 내전에 개입하여 이스라엘과 군사적 충돌도 불사하였다. 그는 내부적으로는 이슬람 근본주의자의 반란을 무자비하게 진압하여 권력을 공고히 하였다. 그리고 후계자로 교통사고로 죽은 첫째 아들 대신 둘째 아들인 바샤르 알 아사드를 지정하였다. 그리고 2000년 6월 심장마비로 사망하면서 30여 년간의 독재의 삶도 마감하였다.

그가 죽은 후 둘째 아들인 바샤르 알 아사드가 집권하였고 지금까지

대통령직을 수행하고 있다. 영국에서 의사 교육을 받은 그를 처음에는 많은 사람이 아버지와는 다른 정치를 할 것이라 기대하였지만 반대 세력을 잔인하게 숙청하며 권력을 공고히 하고 독재정치를 하면서 그 기대를 저버리고 있다.

2010년 말 튀니지에서 시작된 '아랍의 봄'이라 불리는 민주화 요구는 시리아에도 영향을 미치기 시작했다. 알 아사드는 민주화와 아사드의 퇴진을 요구하는 이를 강경하게 진압하였지만, 오히려 시리아 각지에서 무장세력의 반란이 일어났고 결국 여러 정치세력으로 이루어진 반군의 출현으로 내전이 시작되었다. 이런 와중에 '알 카에다'나 'IS'[56]와 같은 이슬람 근본주의자를 격퇴한다는 명분하에 미국과 서유럽이 개입하였고 이에 시리아 정부를 지원한다는 명분으로 러시아가 참전하여 미국과 대립각을 세웠다. 터키도 친터키 반군을 지원하는 동시에 쿠르드족 격퇴를 명분으로 터키군이 직접 시리아 영내로 진입하면서 상황은 매우 복잡한 형태로 전개되어 시리아의 운명은 누구도 예측할 수 없게 되었다.

---

56 극단적 순니파 이슬람주의자 알 바그다디가 세운 IS(ISIS: Islamic State of Iraq and al-Sham)는 이라크 모술과 시리아의 락까를 중심으로 칼리파 국가를 선포하기도 하였다. 그러나 2019년 3월 IS의 최후 거점 시리아 동부 바구즈가 미군이 지원하는 반군에 함락되면서 그 운명을 다했다.

팔레스타인 - 공존에서 다시 갈등으로

2006년 팔레스타인 자치 정부 선거에서 급진적인 하마스가 기존 야세르 아라파트 PLO 지도자에 뿌리를 둔 온건적인 파타당에 승리하면서 이스라엘과의 관계가 급속도로 나빠지기 시작했다. 이스라엘은 하마스를 테러리스트 조직으로 보고 협상 대상으로 인정하지 않고 있으며 하마스가 장악하고 있는 가자지구를 육지와 해상에서 무력으로 봉쇄하고 압박하고 있다.

파타당이 장악하고 있는 요르단강 서안에서도 '정착촌'이라는 이름의 이스라엘인 거주지가 확대되면서 기존 팔레스타인 거주민과의 갈등이 발생하고 있다. 이스라엘은 노골적으로 요르단강 서안에서 이스라엘인의 인구 확대를 꾀하고 있다.

미국

2017년 미국 대통령이 된 트럼프는 역대 미국 대통령이 가지 않았던 길을 가기로 마음먹었다. 그는 그해 12월 6일 텔아비브가 아닌 예루살렘을 이스라엘의 수도도 인정한다고 발표했다. 그리고 텔아비브에 있는 미국 대사관을 예루살렘으로 옮겨 버렸다. 사실 이것은 트럼프의 대선 공약이기도 했는데 그의 생각에 큰 영향을 끼친 사람은 그의 사위 제러드 큐슈너임에 틀림 없었다. 제러드 큐슈너는 유대인이다.

이스라엘은 1967년에 벌어진 6일 전쟁으로 얻은 동예루살렘과 그 외 지역을 국제사회로부터 공식적으로 인정받지 못하고 있었다. 따라서 이스라엘이 자신의 수도를 예루살렘으로 공포하였음에도 불구하고 세계 각국의 대사관들은 여전히 텔아비브에 머물고 있었다. 이스라엘군의 점

단숨에 읽는 중동전쟁 개정판

령 후 40년 동안 인정받지 못했던 이스라엘의 수도는 초강대국인 미국
에 의해 인정받게 된 것이었다.

주변의 아랍국가는 격렬히 반대했지만 비난 성명을 발표하는 것 외에
달리할 수 있는 것은 없었다.

참고문헌

고원, 『알라가 아니면 칼을 받아라: 이슬람 역사 1400』. 동서문화사, 2002.

권삼윤, 『(자존심의 문명)이슬람의 힘』. 동아일보사, 2001.

김정위, 『중동사』. 대한교과서 주식회사, 2008.

라울 마하잔, 『21세기 십자군 전쟁』. 유강은 역. 미토, 2002.

손주영, 『이슬람』. 일조각, 2005.

아민 말루프, 『아랍인의 눈으로 본 십자군 전쟁』. 김미선 역. 아침이슬, 2002.

윌리엄 맥닐, 『세계의 역사 1』. 이산, 2007.

이희수, 『세계사 교과서 바로잡기』. 삼인, 2007.

정수일, 『이슬람 문명』. 창작과 비평사, 2002.

진원숙, 『십자군, 성전과 약탈의 역사』. 살림, 2006.

한국서양사학회, 『(유럽중심주의 세계사를 넘어) 세계사들로』. 서울: 푸른역사, 2009.

황병하, 『아랍이슬람 문화』. 조선대학교 출판부. 1999.

A. 카할라니/C.헤르조그, 『골란고원의 영웅들』. 임채상 역. 세창출판사. 2014

사이먼 던스턴, 『세계의 전쟁11, 욤 키푸르 1973(1)』. 박근형 역. 플래닛미디어. 2007

사이먼 던스턴, 『세계의 전쟁12, 욤 키푸르 1973(2)』. 박근형 역. 플래닛미디어. 2007

안와르 사다트, 『사다트 자서전』. 안도섭 역. 문경출판사. 1979

제레미 보엔, 『6일 전쟁』. 김해성 역. 플래닛미디어. 2010

지소철, 『역사의 터닝포인트20-이스라엘건국과 중동 전쟁』. 21세기 북스. 2013

홍미정, 『팔레스타인 땅 이스라엘 정착촌』. 서경문화사. 2004.

이일호, 『강소국 이스라엘과 땅의 전쟁』. 삼성경제연구소. 2007

CNTV 지상최대의 전투 02-골란고원 전투

히스토리 채널-실전최강 전투기 대전(사막의 에이스)

그 외 「아그라나트 위원회」에서 탈 장군의 증언

네이버 백과사전, 인터넷 신문 자료

Bartlett, W.B, 『십자군 전쟁: 그것은 신의 뜻이었다!』. 서미석 역. 한길, 2004.

Burns, Edward Mcnall: Lerner, Robert E.: and Meacham Standish, 『서양문명의 역사II』. 박상익 역. 소나무, 2000.

Madden, Thomas F, 『십자군: 기사와 영웅들의 장대한 로망스』. 권영주 역. 루비박스, 2006.

Norwich, John Julius, 『비잔티움 연대기』. 남경태 역. 바다, 2008.

Reston, James, 『(이슬람의 영웅 살라딘과)신의 전사들: 사자왕 리처드와 살라딘의 십자군 전쟁』. 이현주 역. 민음사, 2003.

Robinson, Francis, 『(사진과 그림으로 보는)케임브리지 이슬람사』. 손주영 역. 시공사, 2002.

Tate, georges, 『십자군 전쟁 : 성전탈환의 시나리오』. 안정미 역. 시공사, 1998.

Bentley, Jerry H and Ziegler, Herbert F, *TRADITIONS & ENCOUNTERS: A Global perspective on the Past*. McGraw Hill 출판사, 2003.